Das Flüchtlingskind in Gottes Hand

THOMAS SÖDING /
ROBERT VORHOLT

DAS FLÜCHTLINGSKIND IN GOTTES HAND

Die Weihnachtsgeschichten der Evangelien

Patmos Verlag

VERLAGSGRUPPE PATMOS

PATMOS
ESCHBACH
GRÜNEWALD
THORBECKE
SCHWABEN

Die Verlagsgruppe
mit Sinn für das Leben

Für die Schwabenverlag AG ist Nachhaltigkeit ein wichtiger Maßstab ihres Handelns. Wir achten daher auf den Einsatz umweltschonender Ressourcen und Materialien.

Umschlaggestaltung: Finken & Bumiller, Stuttgart
Umschlagabbildung: KNA Bild 151109–93–000336 © 2015 KNA,
www.kna-bild.de
Druck: Beltz Bad Langensalza GmbH, Bad Langensalza
Hergestellt in Deutschland
ISBN 978-3-8436-0810-7 (Print)
ISBN 978-3-8436-0811-4 (eBook)

INHALT

VORWORT

So schön das Weihnachtsfest ist – die Geschichte ist ein Skandal. Wie kann es sein, dass eine hochschwangere Frau sich auf eine lange Reise machen muss? Wie kann es sein, dass ein Neugeborenes in einer Krippe liegt? Wie kann es sein, dass ein König kleine Kinder ermorden lässt, um seinen Thron zu sichern? Wie kann es sein, dass er eine Familie mit einem Säugling in die Flucht treibt?

Der Blick in die Tageszeitungen zeigt, dass dieser Skandal sich heute tausendfach abspielt. In späteren Zeiten werden Geschichtsbücher festhalten, wie sich im Nahen Osten und in Europa Flucht und Vertreibung heutzutage abgespielt haben. Sie werden der Nachwelt überliefern, wo und wie Flüchtlinge willkommen geheißen worden sind oder nicht. Sie werden notieren, wie sich die Flüchtlinge verhalten haben: auf der Flucht, im Gastland, bei einer Rückkehr oder in ihrer neuen Heimat.

In diesem gegenwärtigen Skandal ist die Politik gefragt. Das heißt: Es sind die Bürgerinnen und Bürger in den Demokratien gefragt, welche politischen Programme sie unterstützen wollen und wo sie sich überall dort zu engagieren bereit sind, wo es um persönlichen Einsatz geht, weil politische Programme nur die Rahmenbedingungen klären, nicht aber Menschlichkeit und Herzlichkeit organisieren können.

Nicht zuletzt sind die Christinnen und Christen gefragt, die das Weihnachtsfest feiern. Wie sehen sie das Kind in der Krippe und auf der Flucht nach Ägypten? Wie sehen sie seine Eltern? Wie sehen sie Gott, der seine Hand über die Flüchtlinge hält und sie rettet, auch wenn sie untergehen? Wie bringen sie ihren Glauben in die Politik und in die Werke der Barmherzigkeit ein, die keine Politik garantieren kann? Das Weihnachtsevangelium ist politischer denn je. Und die Politik muss mehr denn je vom Weihnachtsfest inspiriert werden. Das kleine Buch zeigt, in welchen historischen und theologischen Dimensionen die Weihnachtsgeschichte von Anfang an erzählt worden ist und worin ihre Frohe Botschaft von der Menschenfreundlichkeit Gottes besteht.

Für Korrekturarbeiten bedanken wir uns bei Julia Dietsch, Anita Greinke, Katharina Kirchberg und Carsten Mumbauer, für die Anregung zur Abfassung und für die editorische Betreuung bei Claudia Lueg.

25. März 2016   Thomas Söding und Robert Vorholt

EIN FLÜCHTLINGSKIND ALS GOTTES-SOHN? – DIE THEOLOGISCHE DEBATTE

Thomas Söding

Weihnachten ist das populärste Fest im christlichen Kalender. Aber es ist auch ein Fest, das viele Fragen aufwirft. „Geboren von der Jungfrau Maria", heißt es mit dem Weihnachtsevangelium im Glaubensbekenntnis. Aber die Zustimmungsquoten zu diesem Artikel des Credo sind nicht sonderlich hoch. „Zu Betlehem geboren", wird mit dem großen Dichter und Theologen Friedrich Spee gerne gesungen. Aber dass die Weihnachtsgeschichte eine Legende sei und Jesus in Wirklichkeit aus Nazaret stamme, wird wieder und wieder in Magazinen verbreitet.

Beide Problemanzeigen werfen Glaubensfragen auf. Es macht keinen Sinn, sie so zu diskutieren, als ob das Neue Testament, wenn es von der Geburt Jesu aus der Jungfrau Maria erzählt, nicht den Glauben an den lebendigen Gott voraussetzte, der seinen Verheißungen treu bleibt. Sie sind mit Betlehem verbunden, der Stadt Davids (Mi 5,1 f.; Mt 2,1–12). Gott ist „kein Ding unmöglich" (Lk 1,37; Gen 18,14), auch nicht die Entstehung eines Menschen durch den Heiligen Geist, ohne die männliche Zeugungskraft, an der in der Antike alles zu hängen scheint (weil man von der Verschmelzung von Samen und Eizelle nichts wusste). Die Evolution bringt keinen Messias hervor. Wenn die Weihnachtsbotschaft: „Heute ist euch der Retter geboren", keine Illusion ist, sondern Wahrheit, kann derjenige, der für diese Gute Nachricht seinen Namen gibt, nur Gottes Sohn sein, von Anfang an. Das ist die Glaubensüberzeugung der Weihnachtsgeschichte. Und wenn diese Botschaft kein spontaner Einfall Gottes ist, der ein paar Menschen mitgeteilt wird, sondern Ausdruck seiner Barmherzigkeit und Gerechtigkeit, auf die viele Menschen ihr Leben bauen, dann kann die große Liebesgeschichte, die von Jesus erzählt wird, nicht irgendwo beginnen, sondern nur in Betlehem, nämlich genau dort, wo der junge David von der Herde weggerufen und zum König von Israel gesalbt wurde – lange, bevor er den Thron bestiegen hat.

Die beiden Fragen nach der Jungfrau Maria und der Geburt Jesu in Betlehem sind wichtig. Aber sie müssen mit der konkreten Geschichte vermittelt werden, die von Matthäus und Lukas erzählt wird. Dann entstehen neue Fragen. Wenn der Sohn Gottes auf die Welt gekommen ist: Müsste das nicht in einem Palast geschehen sein? In einer der großen Metropolen? Stünde nicht zu erwarten, dass die Geburt der Beginn einer glänzenden Karriere wäre, die zu den großen Schauplätzen der Kultur und Wissenschaft, der Politik und Zeitgeschichte führen würde? Weshalb muss ein Jude der Retter der Welt sein? Weshalb spielt sich seine Geburt in Betlehem ab, weit entfernt von den Zentren der Macht? Weshalb wird Jesus „draußen vor der Tür" geboren? Kann es sein, dass Gottes Sohn in einer Krippe liegt? Weshalb muss seine Familie mit ihm nach Ägypten fliehen? An diesen offenen Stellen zeigt sich das ganze Drama Jesu: der Geschichte eines Flüchtlingskindes, die sich als Gottesgeschichte mit allen Menschen entpuppt.

Jesus, der Ägypter

Die Herausforderung der Weihnachtsgeschichte ist früh erkannt worden. Für das junge Christentum ist typisch, dass sich christliche Theologen mit harter Kritik jüdischer, aber auch heidnischer Beobachter am Christentum auseinandersetzen. Sie mussten lernen, den Glauben dem Zweifel auszusetzen und die Wahrheit der Gottesbotschaft gegen philosophische und theologische Einwände zu verteidigen.

Zu den bekanntesten der kritischen Dialoge gehört ein Disput, den der große, wenngleich unglückliche Kirchenvater Origenes – er wirkte im ägyptischen Alexandria, der damaligen Kulturhauptstadt der Welt – mit Celsus geführt hat, einem Philosophen, auch aus Alexandria. Der kannte das Christentum recht gut, lehnte es aber in einer ganzen Serie von Schriften ab. Leider sind seine Originalbeiträge nicht erhalten geblieben, sondern nur die Wiedergaben durch den Theologen. Dennoch ist die Schrift des Origenes eine Fundgrube.

Im Dialog mit Celsus muss der Theologe auch dem Vorwurf begegnen, Jesus sei ein halber Ägypter gewesen (*contra Celsum* I 28.38.66).[1] Der griechische Philosoph scheint in seinem Buch zustimmend eine jüdische Stimme referiert zu haben, die eine doppelte Anklage erhebt. Die eine Anschuldigung trifft den Erwachsenen: Jesus sei ein Armutsflüchtling gewesen, der sich am Nil als Tagelöhner habe durchschlagen müssen und sich nur mit Zaubereien über Wasser habe halten können, mit denen er später vergeblich in Israel Eindruck hätte schinden wollen (*c. Cels.* I 28.38; vgl. I 68). Die andere Kri-

---

1 *Origenes*, Contra Celsum. Griechisch und Deutsch I–V, hg., eingeleitet und kommentiert von Michael Fiedrowicz und Claudia Barthold (Fontes Christiani 50), Freiburg i. Br. 2011–2012.

tik betrifft das Kind; sie ist formuliert, als ob Jesus selbst angeredet worden wäre:

> Warum musstest du auch noch als kleines Kind nach Ägypten gebracht werden, damit du nicht getötet würdest? Ein Gott durfte doch wegen des Todes billigerweise keine Furcht haben (*c. Cels.* I 66).

Die Flucht nach Ägypten beweise, dass weder Jesus über göttliches Wissen verfügt noch Gott seine schützende Hand über die Familie gehalten hat, um drohendes Unheil abzuwenden; beides wäre aber unbedingt zu erwarten gewesen, wenn es sich tatsächlich um Messias gehandelt hätte, der in Lebensgefahr geraten ist. Wäre Jesus Gott, hätte er keine Furcht zu haben brauchen; es hätte ihm von vornherein nichts passieren können – und das hätte ihm klar sein müssen.

Origenes prüft die kritischen Punkte, die Celsus markiert, unter historischen und theologischen Gesichtspunkten – so, wie dies zu seiner Zeit Stand der Wissenschaft war. Er nennt die Geschichte, dass Jesus in Ägypten Zaubertricks erlernt habe, eine Erdichtung (*c. Cels.* I 38). Aber er bezweifelt so wenig wie Celsus, dass Jesus als Kind und als junger Mann nach Ägypten emigrieren musste. Die erste Flucht ist durch das Matthäusevangelium gedeckt (Mt 2,13–15), die zweite scheint eine mündliche Überlieferung gewesen zu sein.

Theologisch macht Origenes gegen die Verdächtigung des Armutsemigranten die jesuanische Logik (Mk 10,31; Mt 19,30 par Lk 13,30; Mt 20,16; Mk 9,35 par Mk 10,44) geltend, dass die Letzten die Ersten, die Ersten aber die Letzten sein werden (*c. Cels.* I 29). Er geht aus der Defensive in die Offensive, wenn er zeigt, dass es nur diese Umkehrung aller Verhältnisse ist, die Hoffnung auf Erlösung machen kann (*c. Cels.* I 30), weil ja nicht weniger als die Auferstehung von den Toten verheißen ist.

Gegen den Einwand, es sei unmöglich, dass Gott sein Kind vernachlässigt habe, macht Origenes den christologischen Grundsatz geltend, dass Jesus wahrer Mensch geworden sei. Deshalb habe Gott ihn auf menschliche Weise davor bewahrt, vor der Zeit zu sterben, indem er Josef eine Traumvision habe zuteilwerden lassen, sodass seine Erzieher Fürsorge walten lassen konnten, an der es auch nicht gefehlt habe:

Er musste sich der Leitung seiner Erzieher überlassen, die der Weisung eines göttlichen Engels folgten (*c. Cels.* I 66).

Auf diese Weise verbindet sich die matthäische Weihnachtsgeschichte bei Origenes mit einer Christologie des wahren Menschseins Jesu. Ohne die Betonung, dass Gottes Sohn Mensch geworden und gewesen ist, könnte das Evangelium nicht die Gute Nachricht aller Menschen sein, die auf der Flucht sind. Origenes unterläuft die ebenso jüdische wie philosophische Kritik an Jesu fragwürdiger Ägypten-Biografie, indem er das Menschsein und das Gottsein Jesu nicht als Gegensatz, sondern als Einheit begreift, die sich in den politischen und sozialen Krisen der Zeit bewährt. Das hat auch eine ethische Dimension. Einerseits: Die Familie soll durch politische Katastrophen, wie sie Despoten auslösen, nicht auseinandergerissen werden. Andererseits: Die moralische Kultur einer Gesellschaft zeigt sich an ihrem Umgang mit Flüchtlingen wie in einem Brennglas. Die Weihnachtsgeschichte ist weit mehr als Ethik. Aber sie hat eine Moral, die von großer Reichweite ist, heute aktueller denn je.

Jesus ist Jude, wie Origenes festhält. Sein Judesein ist kein historischer Zufall, sondern Ausdruck einer theologischen Notwendigkeit, die in der Verheißungstreue Gottes selbst besteht. Er ist aber als Jude nicht an die Grenzen Israels gefesselt; er ist auch Ägypter. Denn auf dem Weg der

Demut macht er die Verheißung wahr, dass Gott alle Völker segnet.

Ägypten ist die große Nachbarin Israels: faszinierend und despotisch, verführerisch und verlockend, gefährlich und grandios. An Ägypten entscheidet sich in der Weihnachtsgeschichte, wie die Verwurzelung des Gotteswortes in Israel mit dem missionarischen Aufbruch in die Welt zusammengeht. Nach Origenes ist Jesus als Jude Ägypter geworden und als Ägypter Jude geblieben. Beides ist er als Gott, der Mensch geworden, und als Mensch, der Gott geblieben ist: in fleischlicher Gestalt, als Migrant unter Migranten, denen nahe, die Gott fernstehen, und deren Leben teilend, die es im Exil verlieren werden, um es im Himmel endgültig zu gewinnen.

Ägypten, die Heimat

Jan Assmann hat die „Gedächtnisspur" gelesen, die Mose zum Ägypter macht.[2] Mose ist die zentrale Gestalt der Bibel Israels, des christlichen Alten Testaments. Er, der Befreier Israels, trägt einen ägyptischen Namen; in Ägypten ist er geboren und adoptiert worden; in Ägypten hat er den Mord der jüdischen Erstgeborenen überlebt; in Ägypten hat er sich zum Totschlag hinreißen lassen; in Ägypten hat er sich dem Pharao und seinen Zauberern widersetzt, seinerseits aber mit den ägyptischen Plagen Wunder und Zeichen gewirkt, die alles je Dagewesene weit in den Schatten gestellt haben (Ex 1–11). Ägypten ist für Mose eine fremde Heimat. Ihr hat er den Rücken gekehrt, um zu seinen tieferen Wurzeln zurückzukehren, wie die Tora erzählt: tiefer als seine Kindheit, tiefer als seine

---

2   *Jan Assmann,* Moses der Ägypter. Entzifferung einer Gedächtnisspur, München 1998.

Sprache, tiefer auch als die Unterdrückung seines Volkes, die nur eine gewaltsame Befreiung zugelassen hat.

In der Moderne wird der Hinweis auf die ägyptische Heimat des Mose teils gefeiert, teils freudig begrüßt, teils kritisch beäugt. Beides ist ambivalent. Auf der einen Seite soll der ägyptische Mythos dazu dienen, die intellektuelle Vorherrschaft des biblischen Monotheismus zu brechen, des Glaubens an den einen, den einzig wahren Gott. Besonders in seiner christlichen Neugestaltung (vom Islam ganz zu schweigen) soll er der Freiheit des Geistes widersprechen, weil er sich mit dem Dogma und einer strikten Moral verbindet, mit weltweiter Mission und ausgeprägten Machtansprüchen der Kirche. Ägypten wird dann allerdings eine riesige Projektionsfläche für alle möglichen liberalen Ideale, die den Faktencheck selten bestehen. Auf der anderen Seite soll der Wegweiser nach Ägypten am liebsten ignoriert werden, um die Geschichte des Gottesvolkes nicht durch fremde Einflüsse irritieren zu lassen. Aber dann wird eine klinisch reine Isolierstation aufgebaut, die es in der Realität nie gegeben hat und aus theologischer Sicht auch nie geben sollte, weil Gott ja der Schöpfer und Herr aller Menschen ist.

Auch in der Antike gehen die Meinungen auseinander. Auf jüdischer und urchristlicher Seite wird die Bindung Moses an Ägypten positiv gesehen – weil sie sich der göttlichen Fügung verdankt. In der Rede des Stephanus, die Lukas in der Apostelgeschichte kurz vor dem Lynchmord am ersten Märtyrer überliefert, heißt es:

„Mose wurde erzogen in aller Weisheit der Ägypter. Er war stark in seinen Worten und Werken" (Apg 7,22).

Für Stephanus, den „Hellenisten", einen griechisch gebildeten Judenchristen, ist die Zughörigkeit des Mose zu Ägypten kein Makel, sondern ein Adelsprädikat. Es bringt den kosmopolitischen Zug des Urchristentums zum Ausdruck, der im Glauben an den einen Gott begründet ist. Schaut man mit Stephanus (und Lukas) auf Mose, wird klar, dass dieser weltweite Horizont nicht etwas gänzlich Neues, sondern eine neue Entdeckung ursprünglicher Weite ist.[3] Thomas Mann hat dieser Ansatz zu seiner Novelle „Das Gesetz" inspiriert.

Ähnlich hat auch Philo von Alexandrien, der große jüdische Philosoph der Zeit[4], in seiner Mose-Biografie die enge Verbindung des Befreiers mit der Weisheit Ägyptens herausgearbeitet (De vita Mosis I 5.8.20–24): Wunderbar aus dem Wasser des Nils gerettet, habe er eine königliche Erziehung am Hofe des Pharao genossen, die ihm auch Zugang zur Wissenschaft der Griechen und vieler anderer Nationen verschafft habe; seine Zeichen und Wunder spiegelten nicht nur seine Prophetie, sondern auch seine Weisheit wider. Der Exodus aus Ägypten ist demnach kein Auszug aus der Philosophie und der Kultur des großen Volkes vom Nil, sondern ein Einzug in jene Weisheit Gottes, die immer schon international gewesen ist und von den Ägyptern bewahrt worden war, ohne dass sie – gefangen im Dienst diverser Götter – ihr Freiheitspotenzial genutzt hätten. Der Monotheismus, der sich jüdisch wie urchristlich mit Mose, dem Ägypter, verbindet, ist befreiend, aber nicht zerstörerisch, wiewohl es den Exodus nicht gegeben hätte, wenn die Streitmacht des Pharao nicht geschlagen worden wäre.

---

3 *Jacob Jervell* (Die Apostelgeschichte [KEK III], Göttingen 1998, 237) gewinnt keinen Zugang zu dieser Facette des Stephanus- und Mosebildes. Tatsächlich hatte Mose nach Lukas „den Geist als Prophet und Wundertäter". Aber das schließt die weisheitliche Dimension ein.
4 Vgl. *Otto Kaiser,* Philo von Alexandrien. Denkender Glaube – eine Einführung, Göttingen 2015.

Im antiken Antijudaismus, wie er auf heidnischer Seite so selten nicht gewesen ist, wird die Geschichte von Mose in Ägypten den Juden allerdings oft als Manko angekreidet: Mose habe nicht mit Gottes Hilfe Israel aus Ägypten geführt, sondern sei ein Terrorist gewesen, der die ägyptische Kultur zu zerstören versucht habe[5]; die Juden seien am Nil Fremde gewesen und immer geblieben; die Ägypter hätten sie schließlich verscheucht, weil die Götter ihnen gezürnt hätten.[6] In dieser Kritik wird Ägypten, die Hochburg der Kultur, als Festung gesehen, in der Fremde, besonders Juden, nichts verloren haben. Die Juden seien zu Recht aus der Zivilisation vertrieben worden, weil sie mit ihrem Gottesbekenntnis, mit dem übertriebenen Eifer für ihre Religion und mit der Bindung an ihr Gesetz die politisch-religiöse Symbiose der antiken Gesellschaft mit ihren vielen Gottheiten radikal infrage gestellt und dadurch das Fundament der antiken Kultur erschüttert hätten. Die jüdische Polemik gegen Jesus, die der Philosoph Celsus aufnimmt und der Theologe Origenes zurückweist, ist also die spiegelbildliche Entsprechung zu Vorwürfen, die von heidnischen Philosophen und Politikern an die Adresse der Juden gerichtet worden sind: Sie seien Ägyptens nicht würdig gewesen – so wie der Ägypter Jesus Israels nicht würdig gewesen sein soll.

Am Beispiel des Nillandes bricht deshalb nicht nur die Frage der Inkulturation auf, der Verwurzelung des Gotteswortes in der vielfältigen Kulturlandschaft, sondern auch die Frage,

---

5 *Diodor*, bibliotheca historica 34–35; *Lysimachos*, Aegyptiaca (Texte bei *Menam Stern* [Hg.], Greek and Latin Authors on Jews and Judaism I–II, Jerusalem ³1981 [1974], I 383–386, Nr. 158).

6 Texte und Einordnungen bei *Peter Schäfer*, Judenhass und Judenfurcht. Die Entstehung des Antisemitismus in der Antike, Berlin 2010.

welche Bedeutung Flucht und Vertreibung haben: Diskreditieren sie die Migranten? Oder werden sie zu einem theologischen Ort, an dem Gott entdeckt werden kann? Die christologische Herausforderung ist von besonderer Brisanz. Denn die Tora stellt den Exodus nicht als Vertreibung dar, sondern als Befreiung; sie ist Widerstand, der Erfolg hat, ein Aufbegehren, ein bewusster Abschied, der zu etwas Besserem führt. Im Evangelium, in der apokryphen Tradition und bei Origenes wird die Flucht des Messias aber nicht geleugnet, sondern beschrieben. Kann in der offensichtlichen Unwürdigkeit des Flüchtlingskindes – und des Arbeitssuchenden – die Würde Gottes erkannt werden? Dann könnte auch Ägypten als Heimat des Messias, als Heimat des Evangeliums, als Heimat der Kirche entdeckt werden.

Der Blick auf die politische Landkarte nach Israel und Ägypten, nach Betlehem und Gaza, nach Syrien und in den ganzen Nahen Osten lässt die Aktualität einer Überlieferung erkennen, die schnell ins Reich der Legende verbannt wird, aber weit über das Symbolische hinaus ethisches und christologisches Gewicht hat. Überall dort, wo Flucht und Vertreibung geschehen, wird die Frage nach Gott aufgeworfen. Überall dort, wo Menschen die Heimat aufgeben und zu wandern beginnen, ist die Suche nach Gott virulent. Er ist immer schon dort, wo die Reisenden hinkommen, und er bleibt immer dort, von wo sie aufbrechen.[7] Der Vorbote einer solchen Reise zwischen der Stadt des Tempels und dem Land am Nil ist der äthiopische Kämmerer, ein Pilger, ein Eunuch, den Philippus,

---

7 Zugänge zu den Schnittstellen zwischen Theologie und Kulturgeschichte öffnet *Knut Backhaus*, Religion als Reise. Intertextuelle Lektüren in Antike und Christentum, Tübingen 2014.

einer der Sieben, auf dem Rückweg von Jerusalem abfängt, um ihm die Schrift zu erklären und ihn zu taufen (Apg 8,26–40).[8] Der erste afrikanische Christ, von dem das Neue Testament ein Porträt zeichnet, „zog voll Freude weiter" – in seine Heimat, die zu Ägypten gerechnet wurde (Apg 8,39).

Israel, das Exil

Jener (ungenannt bleibende) jüdische Kritiker Jesu, den Celsus zitiert und Origenes widerlegen will, projiziert auf die beiden Punkte, die er markiert, die Flucht vor dem Tod und die Suche nach Arbeit, ein schwarzes Ägyptenbild. In der jüdischen Tradition[9] ist es durch die Exodusgeschichte vorgezeichnet. Dort ist Ägypten das „Sklavenhaus", aus dem Gott das Volk durch Mose befreit hat. Bis tief in die Paschafeier hat sich diese Erinnerung eingeschrieben:

> „Wenn dich morgen dein Sohn fragt: ‚Was bedeutet das?', dann sag ihm: Mit starker Hand hat uns der Herr aus Ägypten, aus dem Sklavenhaus, herausgeführt" (Ex 13,14).

Auch die Präambel der Zehn Gebote hält das Urteil fest:

> „Ich bin der Herr, dein Gott, der dich aus dem Land Ägypten geführt hat, aus dem Sklavenhaus" (Ex 20,2; Dtn 5,6).

Die Zauberer des Pharao, von denen die Tora weiß (Ex 7–11), haben immerhin so viel Eindruck gemacht, dass noch die jüdische Polemik gegen Jesus, die Celsus referiert, in ihrem Zeichen steht. Feldzüge gegen Israel, von denen die Geschichts-

---

8   Vgl. *Axel von Dobbeler, Der Evangelist Philippus in der Geschichte des Urchristentums. Eine prosopographische Skizze* (TANZ 30), Tübingen 2000.
9   Vgl. *Rainer Kessler, Die Ägyptenbilder der Hebräischen Bibel. Ein Beitrag zur neueren Monotheismusdebatte* (SBS 197), Stuttgart 2002.

bücher erzählen, haben den negativen Eindruck verschärft; gelegentliche Aktionen, von denen Juda profitiert hat, haben den Gesamteindruck nicht nachhaltig verändert. Ägypten ist Exil (Jes 11,11; Jer 24,8) und Abseits (Jes 30,2; 31,1 ff.; Jer 2,16.36), Wüste (Ez 29,9; 29,12; 32,15; Joël 4,19) und Todeszone (Jer 44,15–19.28; 46,13–26; Ez 32,12), Illusionstheater (Jer 42,14–17) und Katastrophengebiet (Ez 30,18). Doch ist dies nur die eine Seite der Medaille – diejenige, die heller angestrahlt und häufiger betrachtet wird. Ägypten ist im Alten Testament aber nicht nur „Sklavenhaus", sondern auch Zufluchtsort. In seiner Antwort auf den „Prolog" zum Jesusbuch Joseph Ratzingers / Benedikt XVI.[10] hat Jan Assmann die alttestamentlichen Notizen gesammelt, die diese Facette des Ägyptenbildes zeigen.[11] Während das Buch Exodus die Unterdrückung in Ägypten und die Befreiung aus Ägypten in den Mittelpunkt rückt, ist im Buch Genesis Ägypten Asylstätte für Verfolgte. Abraham ist mit Sara nach Ägypten geflüchtet, um sich zu retten (Gen 12,10–20). Im Mittelpunkt steht aber Josef, der Ägypter. Nach Ägypten verkauft, steigt er in Ägypten auf und bietet in einer Hungersnot seiner ganzen Familie zuerst Nothilfe, dann Heimat für Generationen (Gen 37 – Ex 1). Vom verkauften Sklaven zum Verwalter ganz Ägyptens aufgestiegen, kann Josef seinen Brüdern, nachdem er ihnen ihren Verrat verziehen hat, die Gunst des Pharao vermitteln, der ihn sagen lässt:

---

10 *Joseph Ratzinger / Benedikt XVI.*, Jesus von Nazareth. Prolog: Die Kindheitsgeschichten, Freiburg i. Br. 2012.
11 *Jan Assmann*, „Aus Ägypten habe ich meinen Sohn gerufen", in: Th. Söding (Hg.), Zu Bethlehem geboren? Das Jesus-Buch Benedikts XVI. und die Wissenschaft (Theologie kontrovers), Freiburg i. Br. 2013, 131–142.

„Holt euren Vater und eure Familien und kommt zu mir! Ich will euch das Beste geben, was Ägypten zu bieten hat" (Gen 45,18).[12]

Patrick Roth hat in seinem Josefsroman „Sunrise" die biblischen Figuren aus dem Neuen und dem Alten Testament aufeinander bezogen und hintergründig mit der Geschichte Jesu verwoben.[13] Auf das Cover seines Buches hat er ein Bild gesetzt, das die Heilige Familie auf der Flucht unter einem Sternenhimmel zeigt, der die älteste Darstellung der Milchstraße aufnimmt. Dieses Bild von Adam Elsheimer aus dem frühen 17. Jahrhundert weckt die Erinnerung an einen Traum, der ihn zu seinem Roman geführt hat:

> Das neue Licht muss gleichsam im Ägypten jedes Einzelnen von uns Zuflucht finden, bis es der Welt reift.[14]

Ägypten ist in der Bibel sowohl Hort der Unterdrückung als auch des Schutzes; es ist Symbol des Terrors und des Ethos. Zwischen diesen Gegensätzen gibt es hintergründige Verbindungen. Die Erinnerung an das Leben als Fremde in Ägypten motiviert nach dem Heiligkeitsgesetz zur Ausweitung des Liebesgebotes von den Nächsten (Lev 9,18) auf die Fremden (Lev 19,34; vgl. Dtn 10,18 f.)[15]:

---

12 Vgl. *Jürgen Ebach*, Genesis 37–50 (HThKAT), Freiburg i. Br. 2007, 404.

13 *Patrick Roth*, Sunrise. Das Buch Joseph, Göttingen 2012. Vgl. *Michaela Kopp-Marx* (Hg.), Die Wiederentdeckung der Bibel bei Patrick Roth. Von der „Christus-Trilogie" bis „Sunrise", Göttingen 2014.

14 *Patrick Roth*, Ein Traum wird wahr, in: Gesine Dumme (Hg.), Mein Weihnachtsbild, Berlin 2015, 49–54, hier: 54.

15 Vgl. *Thomas Hieke*, Levitikus 16–27 (HThKAT), Freiburg i. Br. 2014, 697–769.

„Du sollst den Fremden lieben wie dich selbst, denn ihr seid selbst Fremde gewesen im Land Ägypten" (Lev 19,34).

Weil die Fremde für die Israeliten Heimat werden musste, sollen die Fremden in Israel Heimat finden können – einer der großen Durchbrüche in der Geschichte der Moralität. In den Psalmen verbindet sich das freudige Wissen um Gottes Wohnung auf dem Zion mit seiner weltweiten Gegenwart, auch in Ägypten (Ps 87)[16], und das Wissen um Israels Wurzeln in Ägypten mit seiner Anwesenheit auf dem Tempelberg von Jerusalem, dem Zion, der von Gottes Gericht tödlich bedroht bleibt (Ps 80).[17] Israel ist nicht nur die Heimat der Exilanten; dass es selbst zum Exil werden kann, wird im Psalm beklagt. Der neutestamentliche Hebräerbrief setzt hier an, deutet das Exil in Israel aber positiv: es verweise darauf, dass die bessere Heimat, die im Himmel sei, auf Erden nie erreicht werden könne und genau so verheißen werde (Hebr 11).

Die Spuren der Geschichte, die Israel und Ägypten enger verbinden, als es vielfach scheint, ziehen sich auch bis in die Geschichte der Könige Israels hinein, die das Alte Testament erzählt.[18] Sie spiegelt die Dialektik der Heimat im Exil und des Exils in der Heimat wider. Eine spektakuläre Episode ist mit dem Zerfall der Reichseinheit nach Salomos Tod verknüpft. Jerobeam wird vom Propheten Ahija aufgestachelt, eine

---

16 Die extrem unterschiedlichen Deutungen, in denen sich das Sinnspektrum des Psalms bricht, reflektiert *Erich Zenger* in: Frank-Lothar Hossfeld/ Erich Zenger, Psalmen 51–99 (HThKAT), Freiburg i. Br. 2000, 548–563. Alle ikonografischen Motive, die der Kommentator zitiert, sind ägyptisch: Es ist, als ob die Loslösung von Ägypten nur mithilfe von Ägypten gelingen könnte, weil Gott immer auch der Gott der Ägypter ist.
17 Zur Auslegung vgl. *Erich Zenger,* a. a. O. 452–467.
18 Zur Konstruktion der Vergangenheit in den Königsbüchern Israels vgl. *Christian Frevel,* Geschichte Israels, Stuttgart 2015.

Revolte des Nordens gegen Juda anzuzetteln; mit ihr will Gott das Königtum Salomos strafen, weil der sich wie ein ägyptischer Pharao geriert hat (1 Kön 11,26–39). Ägypten wird für Jerobeam zur Zuflucht vor der Verfolgung durch Salomo, der die Gefahr wittert (1 Kön 11,40). Gegen Rehabeam, Salomos Nachfolger, der den Frondienst noch verschärft, schlägt Jerobeam los – „aus Ägypten" herbeigerufen; der Norden, „Israel" genannt, gewinnt politische Unabhängigkeit vom Süden mit Judäa und Jerusalem (1 Kön 12,1–19). Soweit ist Ägypten ein Schutzraum für den, mit dem Gott noch etwas vorhat.

Freilich wendet sich das Blatt. Denn um die Unabhängigkeit des Nordens zu sichern, will Jerobeam, sagt die Erzählung, die Attraktivität des Tempels von Jerusalem brechen und baut Israel als eigenes Zentrum auf, mit eigenen Städten und Tempeln, mit dem Tiefpunkt einer Verdoppelung des Goldenen Kalbes (1 Kön 12,26–32). So wird Israel zum Exil, indem es zur Heimat werden soll. Der ägyptische Virus, der schon in der Wüste zum Tanz ums Goldene Kalb geführt hat, infiziert das Volk und lässt eine religiöse Seuche ausbrechen. So kommt es zur göttlichen Strafe, dem Tod des Sohnes (1 Kön 13,1–14,20), in dem sich der Untergang des Nordreiches vorabbildet. Ägypten hingegen erscheint in Jerusalem auf der Bildfläche, in Gestalt des Pharaos Schischak, der den Palast und den Tempel plündert (1 Kön 14,25 f.). Israel wird Ägypten nicht los, wie immer es sich windet und wendet. Solange Ägypten der Feind ist, ist Israel bedroht.

Josef, der Asylant

Josef ist im Alten Testament diejenige Gestalt, die am engsten mit Ägypten verbunden ist. Er, von seinen Brüdern verraten und verkauft, kommt als Sklave an den Nil und steigt zur rechten Hand des Pharao auf. Weil er als Jude den theologischen Code kennt, kann er den Albtraum des Königs deuten und eine Hungersnot von Ägypten abwenden. Mehr noch: Er wird auch zum Retter seiner Brüder und seines Vaters, denen er aus der Kornkammer und den Fleischtöpfen Ägyptens das liefert, was sie in Israel entbehren. Die Krönung ist die Versöhnung: die Bereitschaft und Fähigkeit, den Bruderzwist im Hause Jakob zu überwinden.[19]

In der frühjüdischen Literatur ist Josef von großer Prominenz, gerade dort, wo sich die Juden aus der Diaspora zu Wort melden, aus der „Zerstreuung" außerhalb des Landes Israel. Die Aufmerksamkeit richtet sich einerseits auf das innerisraelitische Versöhnungswerk. So stellen die „Testamente der Zwölf Patriarchen" – literarisch gestaltete Vermächtnisse der zwölf Jakobussöhne aus dem 3. und 2. Jh. v. Chr. – Josef als Musterbeispiel einer Nächstenliebe vor Augen, die in Ägypten innerisraelitische Feindschaft verwindet.[20] Aber auch die Außenbeziehungen werden gepflegt: In der Schrift „Josef und Aseneth" (deren Datierung unsicher ist – wahrscheinlich stammt sie erst aus nach-neutestamentlicher Zeit)

---

19 Vgl. *Jürgen Ebach*, Genesis 37–50 (HThKAT), Freiburg i. Br. 2007.
20 Edition: *Marinus de Jonge/Harm W. Hollander/Henk Jan de Jonge/Th. Korteweg*, The Testaments of the Twelve Patriarchs. A Critical Edition of the Greek Text (PVTG I/2), Leiden 1978. Zu vergleichen ist die deutsche Übersetzung von *Jürgen Becker*, Die Testamente der zwölf Patriarchen (Jüdische Schriften aus hellenistisch-römischer Zeit V/4), Gütersloh 1981. Zum Ethos vgl. *Th. Söding*, Nächstenliebe. Gottes Gebot als Verheißung und Auftrag, Freiburg i. Br. 2015, 82–85.

wird erzählt, wie Josef die schöne Tochter des Hohepriesters mit dem Gottesbekenntnis der Tora vertraut macht und sie, die Ägypterin, die zum Judentum konvertiert, heiratet – ein schönes Beispiel für eine Ehe, die Frieden zwischen verschiedenen Völkern stiftet, hier unter der Schirmherrschaft Gottes selbst (Gen 41,45).[21]

Der neutestamentliche Josef kommt auf den Spuren des alttestamentlichen Josefs nach Ägypten. Die Biografie des Ziehvaters Jesu wird im Neuen Testament nicht geschrieben; aber er wird im Matthäusevangelium prägnant charakterisiert, unter theologischen Gesichtspunkten.[22] Flucht und Vertreibung, Heimat und Fremde, Inkognito und Offenbarung bilden die Spannungspole einer Geschichte, in der Josef die entscheidende Nebenrolle spielt. Ägypten ist bei Matthäus ganz am Anfang das Zentrum des Evangeliums – an der Peripherie der Heilsgeschichte. Die Episode ist so außergewöhnlich, dass ihr von Beginn an nur die Poesie eine Form zu geben vermochte, die in Form einer Erzählung dem Ereignis gerecht wird. Ohne historische Bezüge und ohne persönliche Bindungen würde das Evangelium zur Ideologie. Matthäus setzt auch bei der Flucht nach Ägypten biografisch an, um Jesus theologisch zu würdigen. Bleibt die historisch-kritische Exegese auch skeptisch, hat die kanonische Exegese doch

---

21 Ausgabe: *Marc Philonenko*, Joseph et Aséneth. Introduction. Texte critique. Traduction et notes (SPB 13), Leiden 1968. Deutsche Übersetzung (mit Einleitung): *Christoph Burchard*, Joseph und Aseneth (Jüdische Schriften aus hellenistisch-römischer Zeit II/4), Gütersloh 1983. Zum Ethos vgl. *Christoph Wetz*, Eros und Bekehrung. Anthropologische und religionsgeschichtliche Untersuchungen zu „Joseph und Aseneth" (Novum Testamentum et Orbis Antiquus / Studien zur Umwelt des Neuen Testaments 87), Göttingen 2010.
22 Vgl. *Ansgar Wucherpfennig*, Joseph, der Gerechte. Eine exegetische Untersuchung zu Mt 1–2 (HBS 55), Freiburg i. Br. 2008.

Wege gefunden, die theologische Bedeutung der Episode auszuloten.[23]

Christologie in der Emigration

Es gehört zu den spektakulären Momenten der neutestamentlichen Christologie, dass entgegen allen Erwartungen Flucht und Vertreibung nicht von Jesus ferngehalten, sondern mit ihm verbunden und nicht schüchtern verteidigt oder gar schamhaft verborgen, sondern selbstbewusst und offen vorgestellt werden. Dadurch wird die Menschlichkeit der Christologie deutlich; es wird auch klar, welche politische Botschaft sie von Anfang an aussendet: Jesus steht mit Gott an der Seite derer, die ihre Heimat verloren haben und sie verlassen mussten.

Die Emigration wird von vielen als Ort der Gottesfinsternis betrachtet. Diejenigen, die sie zu erleiden haben, denken nicht selten, dass sie von Gott verlassen oder vergessen worden sind; diejenigen, die sie verursachen, meinen zuweilen, Gott einen Dienst zu erweisen; diejenigen, die sie beobachten, stehen in der Gefahr, den Flüchtlingen Schuld an ihrem Elend zu geben und vor ihrer Nase die Tür zuzuschlagen.

Die Weihnachtsgeschichte ist anders. Sie redet Flucht und Vertreibung nicht schön. Aber sie zeigt, dass in der großen Not Gott zu finden ist – weil er sich das Elend der Menschen zu Herzen nimmt und immer mit ihnen ist. Jesus hat schon als kleines Kind das Schicksal eines Flüchtlings erfahren – und Gott war auf seiner Seite, nicht auf der des Herodes oder seiner

---

23 *Ulrich Luz* (Das Evangelium nach Matthäus I [EKK I/1], Neukirchen-Vluyn ⁵2002, 183) ist selbst vom legendarischen Charakter überzeugt, sieht aber in der Ägyptennotiz doch einen historischen Kern und hat die Wirkungsgeschichte für die Auslegung der Episode erschlossen.

Schergen. Er war auch immer schon in Ägypten, so wie er immer in Israel geblieben ist, inmitten des herodianischen Terrors. Die Christologie, die in der Emigration Gott wahrnimmt, hat eine tiefe Wurzel in der Geschichte Israels. Das Volk Gottes konnte sich in Ägypten und später in Babylon verloren und von Gott verlassen glauben. Aber es hat mitten im Exil Gott in einer Intensität erfahren, die nicht zu steigern ist. Diese Erfahrung hat Mut zum Aufbruch gemacht, Kraft zum Einsatz vor Ort gegeben und Hoffnung auf eine glückliche Heimkehr vermittelt – in der sich alles verändert hatte und die doch Gottes Ort geblieben war.

Christologie in der Emigration zu treiben, entspricht der Geschichte der frühen Kirche. Deshalb ist sie wohl so deutlich zum Ausdruck gekommen. Vielfach sind die Christinnen und Christen wegen ihres Glaubens vertrieben worden. Sie mussten ihre Heimat verlassen; sie wurden ausgegrenzt und verachtet. Viele haben darin nur eine große Ungerechtigkeit gesehen – die sie zweifellos war. Aber andere haben Gott in der Fremde und in den Fremden erkannt. Nach dem Ersten Petrusbrief ist es die Bestimmung der Gläubigen, fremd in dieser Welt zu sein, weil sich ihr Lebensstil positiv von dem abhebt, was alle Welt macht; diese Fremdheit soll sie nicht in die Isolation führen, sondern zu der Inspiration, die Welt zu einem besseren Ort zu machen – mit den schwachen Mitteln, die den Gläubigen dafür zur Verfügung stehen (1 Petr 1,1). Der Hebräerbrief hat in der Fremdheit derer, die in dieser Welt nirgends eine feste Bleibe haben, einen Hinweis darauf gesehen, dass das Beste noch kommt: der himmlische Frieden eines ewigen Sabbats, aus dem niemand mehr vertrieben wird, weil er das gottgewollte Ziel der gesamten Geschichte ist (Hebr 11).

Ohne die Erfahrungen der frühen Gemeindemitglieder, wie Jesus, Maria und Josef fremd und obdachlos zu sein, wären die

Kindheitsgeschichten der Evangelien nicht so überliefert worden, wie sie im Neuen Testament stehen. Ohne dass Jesus selbst das Schicksal eines Migranten erlitten hätte, wäre das Ethos der Fremdenliebe nicht so stark in den theologischen Code der Kirche einprogrammiert worden.

DIE KINDHEITSEVANGELIEN
– WIE DER ANFANG ERZÄHLT WIRD

Robert Vorholt

Alle Jahre wieder wird an Weihnachten die Geburt Jesu verkündet. Die Tatsache, dass unter ärmlichen Umständen ein Mensch zur Welt kam, der zunehmend erkennen ließ, dass Gott selbst in ihm zugegen war, wurde über die Jahrhunderte hinweg je neu bedacht und meditiert. Heute scheint Weihnachten in der religiösen Tradition überwiegend christlich geprägter Länder eine weitaus größere Rolle als Ostern zu spielen. Dafür gibt es Gründe: Das Weihnachtsfest ist Inbegriff eines tiefen inneren Friedens, der Himmel und Erde verbindet. Weihnachten kommt den Menschen mitsamt ihrer Hoffnung gefühlsmäßig nahe. Die Christinnen und Christen des Anfangs dachten hingegen noch gar nicht so groß über die Ereignisse von Geburt und Kindheit Jesu nach. Für sie stand zuerst das Geheimnis von Ostern im Zentrum, weil sie in den Geschehnissen rund um den Kreuzestod und die Auferstehung Jesu Spuren einer Liebe auszumachen verstanden, die alles in den Schatten stellte, was Menschen je von Gott zu hoffen wagten. Diese Spurensuche entfaltete ihre ganz eigene Dynamik und lenkte die Aufmerksamkeit der Glaubenden *peu à peu* – je länger, umso mehr – auf die Anfänge des Gottessohnes aus Nazaret. Wie begann sein Lebensweg? Was lässt sich über die

Umstände seiner Geburt in Erfahrung bringen und welche Verheißung kam so an ihr Ziel? Aus der Glaubensgewissheit der Auferweckung des Gekreuzigten und einer Zusammenschau der Hoffnung Israels mit der Geschichte Jesu entstanden mit der Zeit zwei anschauliche Erzählungen von der Geburt und Kindheit Jesu, die ihren biblischen Ort schlussendlich im Lukas- und im Matthäusevangelium gefunden haben.

Damit sind gleich zwei Dinge klar:

Erstens: Die Kindheitserzählungen des Matthäus und des Lukas sind – auch wenn sie von den Anfängen Jesu und nicht von seinem irdischen Lebensende berichten – österliche Bekenntniserzählungen. Sie nehmen eine bestimmte Perspektive ein, nämlich die des Glaubens an die Auferstehung Jesu. Im Licht von Ostern blicken die beiden Evangelisten zurück auf die Anfänge des Lebens Jesu. Sie deuten die Ereignisse vor dem Horizont der Heiligen Schriften Israels und der darin anklingenden Sehnsuchtspotenziale; sie tauchen ihre Erzählungen in das Licht des Glaubens an den Gott und Vater Jesu Christi, der in seiner Menschenfreundlichkeit und Treue ebenso entschieden wie unermesslich ist.

Zweitens: Die Kindheitserzählungen des Matthäus und des Lukas sind nicht älter, sondern jünger als die neutestamentlichen Osterberichte. Sie stehen nicht am Anfang, sondern am Ende glaubender Reflexion von Person und Sache Jesu. Das muss umgekehrt nicht dazu führen, sie so jung zu veranschlagen, dass sie kaum noch Träger historischer Erinnerung sein könnten.

Vor diesem Hintergrund wächst die Frage nach der Herkunft der Kindheitsevangelien, nach ihrem theologischen Potenzial, aber auch nach den historischen Bezügen, die ihnen zugrunde liegen.

Das Matthäusevangelium

Das wohl in griechischer Sprache, ursprünglich anonym verfasste Matthäusevangelium entstand um das Jahr 90 n. Chr. herum, mit einiger Wahrscheinlichkeit in Syrien. Die altkirchliche Tradition hielt, gestützt auf Papias von Hierapolis und Irenäus von Lyon, den Apostel Matthäus für den Urheber dieser Schrift. Das Urteil moderner Bibelwissenschaft fällt skeptischer aus. Das Matthäusevangelium scheint nicht das Werk eines Augenzeugen zu sein. Es zeigt sich der Form und dem Inhalt nach sehr stark vom Markusevangelium beeinflusst, das etwa zwanzig Jahre älter sein dürfte. Daneben rezipiert Matthäus die so genannte Logien- oder Redenquelle, einen ebenfalls griechischsprachigen Text, der (aller Wahrscheinlichkeit nach) vor allem Jesus-Worte überlieferte und vermutlich im Umfeld frühchristlicher Wandermissionare aus Palästina und in zeitlicher Nähe zum Markusevangelium entstand. Das Matthäusevangelium verfügt aber auch über so genanntes Sondergut. Darunter versteht man Texte innerhalb eines Evangeliums, die keine unmittelbare Parallele in den anderen Evangelien haben. Das matthäische Sondergut umfasst zum Teil sehr alte Erzählungen, die womöglich auf Augenzeugenberichte aus Palästina zurückgehen. Daneben finden sich auch legendarische Stoffe, die allerdings hellenistisch eingefärbt sein dürften.

Das Matthäusevangelium stellt aufs Ganze gesehen eine durchkomponierte Geschichte Jesu dar, die ihre Struktur durch fünf große Reden gewinnt, die der Gottessohn hält. Im Hintergrund der Darstellung geht es schlussendlich auch darum, Spannungen anzusprechen und von Jesus her zu lösen, die den Adressaten des Matthäusevangeliums unter den Nägeln brannten. Dazu gehören ganz wesentlich die Fragen, wie sich Gottes Handeln in und an Jesus zu seinem Wirken in der

Geschichte Israels verhält und welche Bedeutung dem mosaischen Gesetz angesichts des Lebenszeugnisses Jesu überhaupt beizumessen ist. Matthäus argumentiert auf der Grundlage des Markusevangeliums und entwickelt eine narrative Christologie, die die Einheit von Vollmacht und Ohnmacht, Leben und Leiden, Tod und Auferstehung Jesu betont.

Das Lukasevangelium

Relativ zeitgleich zum Matthäusevangelium entsteht auch das ebenfalls griechischsprachige, gleichfalls ursprünglich anonym verfasste Lukasevangelium, wahrscheinlich in Kleinasien, also auf dem Gebiet der heutigen Türkei. Während die anderen Evangelien in sich abgeschlossene Schriften sind, handelt es sich beim Lukasevangelium um den ersten Teil eines zweibändigen Werks, zu dem auch die Apostelgeschichte zählt. Beide Schriften gehören formal und inhaltlich zusammen.

Altkirchlicher Überlieferung nach war Lukas, der in Antiochia aufwuchs, ein Begleiter und Mitarbeiter des Paulus. Nach Kol 4,14 sei er zudem Arzt gewesen. Nach dem Tod des Apostels habe er sein Doppelwerk geschrieben. Die Tradition lässt sich über Irenäus von Lyon bis zur Mitte des 2. Jh. zurückverfolgen. Sie wurde immer wieder ergänzt, beispielsweise um das berühmte Motiv, dass Lukas zugleich Maler gewesen sei und bei Gelegenheit ein Porträtbild der Gottesmutter Maria erstellt habe. Die historische Kritik konnte mit solchen Identifikationsversuchen zumeist wenig anfangen. Vor allem vermochte sie keine rechte Nähe zwischen Paulus und Lukas zu erkennen. Neueste Forschungsansätze argumentieren an dieser Stelle jedoch mit größerer Vorsicht und begründen eine Kritik der Kritik. Zwischen den Zeilen des lukanischen Doppelwerkes scheint doch etwas mehr paulinische Theologie und historisches Wissen um die Missionsarbeit des Apostels hindurchzuschimmern, als bislang angenommen.

Das Lukasevangelium orientiert sich ebenso wie das Matthäusevangelium im Rahmen seiner Darstellung grundlegend an Markus, nimmt allerdings, weil es stark bündelt und zusammenfasst, nur gut die Hälfte des markinischen Textbestandes auf. Auch die Redenquelle wird als Vorlage benutzt. Fast die Hälfte des Erzählstoffes stellt jedoch lukanisches Sondergut dar, wozu – wie bei Matthäus – die Geburts- und Kindheitserzählungen gehören.

Es ist das besondere Anliegen des Lukas, mit seinem Doppelwerk zu zeigen, wie sehr die je neue Zeit der Kirche auf die alles entscheidende Zeit Jesu verwiesen bleibt, und wie beides zusammengehört. Dazu arbeitet er das klare Profil der Verkündigung Jesu heraus, um die ureigene Identität fortwährender christlicher Verkündigung vor diesem Hintergrund zu klären.

Die Kindheitserzählungen

Beide Evangelien beginnen mit Erzählungen von der Geburt und aus der Zeit der Kindheit Jesu. Der Auftakt ist weder willkürlich noch banal. Hier werden keine romantischen Petitessen erzählt. Man sollte darum besser nicht von „Vor-Geschichten" sprechen[24], so als ob die eigentliche Geschichte Jesu erst später beginnen würde[25], sondern vielleicht treffender von „Kindheits-Evangelien" im Sinne von „Beginn-Erzählungen",

---

24 So *Helmut Merklein*, Die Jesusgeschichte, synoptisch gelesen, Stuttgart 1994, 32.
25 So *Willibald Bösen*, In Bethlehem geboren. Die Kindheitsgeschichten der Evangelien, Freiburg i. Br. 1999, 19.

weil sie alles Folgende in ein bestimmtes Licht rücken und von hier aus theologisch konditionieren.[26]

Mt 1–2 und Lk 1–2 gehören zum jeweiligen Sondergut ihrer Evangelien. Eine Abhängigkeit der beiden Narrationen vom Markusevangelium kann vor allem deshalb ausgeschlossen werden, weil Markus nichts über die Umstände der Geburt Jesu überliefert und stattdessen mit einer Notiz über die Johannes-Taufe Jesu zu Beginn seiner Sendung einsetzt (Mk 1,9–15). Auszuschließen ist außerdem die Annahme literarischer Verbindungslinien zwischen den Kindheitsevangelien und der Redenquelle, weil Mt 1–2 und Lk 1–2 gemessen am Umfang (48 zu 144 Versen), vor allem aber vom Inhalt her zu unterschiedlich ausfallen: Keine einzige matthäische Weihnachtsszene findet sich bei Lukas wieder. Gemeinsam sind den Kindheitsgeschichten des Lukas und des Matthäus allein die beiden Motive von der geistgewirkten Empfängnis Jesu (Mt 1,18–25; Lk 1,26–38) und von seiner Geburt in Betlehem (Mt 2,1–11; Lk 2,1–20). Ansonsten gehen die beiden unterschiedliche Wege.

Matthäus 1–2

Matthäus stellt den Stammbaum Jesu an den Anfang seines Evangeliums (Mt 1,1–17). Die Genealogie legt in horizontal-historischer Perspektive die nur vordergründig biologischen Abstammungslinien Jesu offen und verwurzelt ihn so tief in der Geschichte Israels, die immer auch Verheißungsgeschichte Gottes mit den Menschen ist. Mt 1,18–25 eröffnet parallel dazu eine vertikal-theologische Perspektive, die Jesus geradezu steil

---

26 Vgl. dazu *Joseph Ratzinger / Benedikt XVI.*, Jesus von Nazareth. Prolog: Die Kindheitsgeschichten, Freiburg i. Br. 2012.

als Christus, als geistgewirkten Erlöser der Menschen, als Sohn und Immanuel vorstellt. In dieser inneren Verflechtung schildert Matthäus dann, wie sich „in Betlehem in Judäa zur Zeit des Königs Herodes" (Mt 2,1) das prophetische Wort (Jes 7,14) erfüllte, nach dem „eine Jungfrau schwanger sein und einen Sohn gebären" würde. Der alttestamentliche Bezug ist Matthäus wichtig. Ganze fünf Erfüllungszitate trägt er in sein Kindheitsevangelium ein (Mt 1,22 f.; 2,5f.15.17f.23). Sie offenbaren seine Blickrichtung.[27] In Jesus bricht Gott sein Israel gegebenes Wort nicht, sondern bringt es zur Erfüllung.[28] Die Geburt des Kindes selbst erzählt Matthäus nur indirekt (Mt 1,25). Es gibt auch keine Herbergssuche, keine Hirten, keinen Stall (stattdessen ein Haus!). Doch von einem Engel ist die Rede, der Josef dreimal im Traum begegnet – zuerst, um den schlimmen Verdacht, Maria sei eine Ehebrecherin, aus der Welt zu schaffen (Mt 1,20 ff.), dann, um ihm den Weg aus Unheil und Gefahr nach Ägypten (Mt 2,13 ff.), schlussendlich um ihn zurück in die israelitische Heimat, aber jetzt ins galiläische Nazaret zu weisen (Mt 2,19 ff.). Flankiert wird das alles von der berühmten Erzählung der Magier aus dem Osten, die einen Stern gesehen haben und zunächst nach Jerusalem aufbrachen, um den neugeborenen König der Juden anzubeten (Mt 2,1 ff.); wie sie mit ihrem Ansinnen König Herodes und mit ihm ganz Jerusalem erschrecken (Mt 2,3); wie Betlehem aus der Schrift als Geburtsort des Kindes ausfindig gemacht

---

27 *Rudolf Schnackenburg*, Matthäus-Evangelium (Echter-Bibel I/1), Würzburg 1985, I 22.
28 Vgl. *Erich Zenger*, „Dies alles ist geschehen, damit sich erfüllte…". Weihnachten im Licht des Ersten Testaments, in: Anzeiger für die Seelsorge 110 (2001) 15–19; *Christoph Dohmen*, Von Weihnachten keine Spur? Adventliche Entdeckungen im Alten Testament, Freiburg i. Br. 1996.

wird (Mt 2,4 ff.) und wie der Stern dann über dem Haus steht, wo sie das Kind und Maria, seine Mutter, fanden und niederfielen und ihm huldigten (Mt 2,11); wie Gott den Magiern im Traum befahl, nicht wieder zu Herodes zurückzukehren (Mt 2,12), welcher daraufhin ein schreckliches Massaker unter den Kindern Betlehems anrichten ließ (Mt 2,16 ff.). Willibald Bösen findet das matthäische Kindheitsevangelium angesichts der durchgängigen Bedrohungslage insgesamt „düster"[29]. So weit muss man nicht gehen. Der biblische Text sendet auch viele positive Signale aus. Denn in der tödlichen Gefährdung des neugeborenen Kindes bricht sich göttliche Fügung Bahn, die Dinge auf wunderbare Weise zum Guten zu lenken.

Lukas 1–2

Vertrauter scheint vielen die lukanische Variante zu sein. Sie birgt das „klassische" Weihnachtsevangelium:

> *„In jenen Tagen erließ Kaiser Augustus den Befehl, alle Bewohner des Reiches in Steuerlisten einzutragen. Dies geschah zum ersten Mal; damals war Quirinius Statthalter von Syrien. Da ging jeder in seine Stadt, um sich eintragen zu lassen. So zog auch Josef von der Stadt Nazaret hinauf nach Judäa in die Stadt Davids, die Betlehem heißt ..."* (Lk 2,1 ff.).

Das lukanische Kindheitsevangelium ist umfangreicher als das matthäische. Es umfasst insgesamt sieben Erzählungen: Die erste (Lk 1,5–25) spielt im Jerusalemer Tempel, wo der Engel Gabriel dem bis dato kinderlosen und sich bereits im vorgerückten Alter befindenden Priester Zacharias während des

---

29 *Willibald Bösen*, In Bethlehem geboren, 21.

Gottesdienstes erscheint und die Geburt eines Sohnes ankündigt. Die zweite (Lk 1,26–38) lenkt den Blick nach Nazaret, wo der Engel Gabriel jetzt der Jungfrau Maria die geistgewirkte Geburt eines Sohnes ankündigt. Die dritte Erzählung (Lk 1,39–56) schildert Marias Besuch bei ihrer Verwandten Elisabet, der Frau des Zacharias, im Hochland von Judäa. Die vierte (Lk 1,57–80) fügt Berichte von der Geburt, der Beschneidung und der wundersamen Namensgebung des Täufers Johannes zusammen. Die fünfte Narration (Lk 2,1–21), die das Zentrum des ganzen Erzählkranzes ausmacht, erinnert die Geburt Jesu auf den Hirtenfeldern vor den Toren Betlehems und seine Namensgebung im Zusammenhang der Feier der Beschneidung nach acht Tagen. Die sechste Szene (Lk 2,22–40) beinhaltet das Zeugnis Simeons und Hannas im Kontext der Darstellung Jesu im Jerusalemer Tempel. Das lukanische Kindheitsevangelium schließt in der siebten Erzählung (Lk 2,41–52) nach einem Zeitsprung von zwölf Jahren mit der angstvollen Suche der Eltern Jesu nach ihrem Jungen, den sie am Ende einer Wallfahrt von Nazaret zum Tempel nach Jerusalem verloren hatten, und löst das Drama auf, indem geschildert wird, wie seine Eltern Jesus wiederfinden, als er im Tempel mit einigen Schriftgelehrten mindestens auf Augenhöhe bibeltheologische Fragen diskutiert. Lukas integriert in seinen Erzählkranz drei Hymnen, die, wie Einspielungen, das Geschehen theologisch kommentieren. Den Anfang macht das so genannte „Magnificat" (Lk 1,46–55), das Maria nach der Begegnung mit Elisabet anstimmt und in dem sie die Größe jenes Gottes preist, der sie erwählt hat, Mutter des Erlösers zu sein. Danach kommt der „Benedictus-Hymnus" (Lk 1,68–79), ein Lobpreis der Verheißungstreue Gottes aus dem Munde des Zacharias nach der unverhofften Geburt seines Sohnes Johannes. Zum Ende hin folgt das „Nunc dimittis" (Lk 2,29–32), ebenfalls ein zutiefst dankbarer Lobgesang, mit dem der „greise Simeon" den kleinen Jesus im Jerusalemer Tempel begrüßt.

Einige Exegeten sehen in diesem Erzählkranz eine bestimmte Struktur grundgelegt, die die Form eines Flügelaltares mit zwei Johannesbildern auf der linken, zwei Jesusbildern auf der rechten Seite und der Begegnung der beiden Mütter in der Mitte besitzt.[30] Abgesehen von der Tatsache, dass die letzte der sieben Szenen hier fehlen würde, bleibt doch der Eindruck allzu frömmelnder Überdehnung des biblischen Textes. Umgekehrt ist aber natürlich klar, dass Lukas in der Komposition seines Kindheitsevangeliums nichts dem Zufall überlässt und klare theologische Linien zieht.

Gemeinsame Motive

Der inhaltliche Vergleich stellt vor allem die Unterschiedlichkeit beider Kindheitsevangelien heraus. Die Mt 1–2 und Lk 1–2 verbindenden Motive der geistgewirkten Empfängnis Jesu und seiner Geburt in Betlehem sind aber nicht weniger markant. Beide sind eng verbunden mit dem österlichen Glaubensbekenntnis zu Jesus, dem Messias und Sohn Gottes. Dieses Bekenntnis durchwebt beide Evangelien, wo sie z. B. die Taufe Jesu erzählen (Mt 3,13–17; Lk 3,21 f.) oder die Passion Christi (Mt 26,63 f.; Lk 22,67–70). Der Schulterschluss beider Evangelien lässt sich am ehesten erklären, wenn man davon ausgeht, dass beide im selben Wurzelgrund verankert sind.

Die Vorstellung der geistgewirkten Geburt Jesu ist jedenfalls um einiges älter als die Evangelien. Schon Paulus greift in

---

30 *Willibald Bösen,* In Bethlehem geboren, 107; vgl. *Gerhard Schneider,* Das Evangelium nach Lukas (ÖTBK.NT III/1.2), 2 Bde., Gütersloh ³1992.²1984 (1977), I 78.

seinem Brief an die Christinnen und Christen von Rom etwa
35 Jahre zuvor auf dieses Motiv zurück, indem er die Gottessohnschaft Jesu als Geistgeschehen versteht, das sich im Ereignis seiner Auferweckung uneinholbar Ausdruck verleiht.
Insofern und weil Jesus der Sohn Gottes ist, wurde er nicht
nur zur Erfüllung seiner Sendung mit Gottes Geist ausgerüstet
(vgl. Jes 11,1–3), sondern ist als solcher vielmehr von allem
Anfang an aus dem Geist der Heiligkeit hervorgegangen (vgl.
Röm 1,3 f.). Indem Matthäus und Lukas nun dieses theologische Paradigma in ihre Geschichte Jesu übertragen, geben sie
klar zu erkennen, auf welchem hohen geistlichen und theologischen Niveau sich ihre Ausführungen bewegen.

Dasselbe gilt für das Motiv der Geburt Jesu in der Stadt Betlehem. Es gibt eine breit geführte Diskussion, die das Für und
Wider der Historizität dieser Aussage verhandelt.[31] Verbindet
sich mit Betlehem nur ein theologisches Programm? Ist Jesus
womöglich gar nicht dort geboren worden, sondern in Nazaret? Unter einstweiliger Ausklammerung dieser bis dato keineswegs endgültig entschiedenen exegetischen Frage, ob Matthäus und Lukas hier die Ebene historischer Erinnerung verlassen haben oder nicht, lässt sich mit Gewissheit sagen, dass
mit der Erinnerung an den Geburtsort Betlehem ein gewichti-
ger theologischer Gedanke in die Evangelien nach Matthäus
und Lukas eingetragen worden ist. Denn Betlehem war in der
Vorstellung Israels und des Frühjudentums ein zentraler Topos
messianischer Hoffnung. Dort wurde die Geburt des Messias

---

31 Vgl. dazu *Jerome Murphy-O'Connor*, Where was Jesus born? Bethlehem
… of course, in: Bible Review 16/1 (2000) 40–45; *Rainer Riesner*, „Gedeute-
te, konzentrierte Geschichte". Benedikt XVI. und die Geburt Jesu in Bethlehem, in: Th. Söding (Hg.), Zu Bethlehem geboren? Das Jesus-Buch Benedikts XVI. und die Wissenschaft, Freiburg 2013, 104–121.

aus dem Hause David erhofft und erwartet (Mich 5,1–3, vgl. Jes 11,1; Jer 23,5). Wer anderes sollte vor dem Vorstellungshorizont der neutestamentlichen Autoren und Adressaten der zu Betlehem geborene Jesus sein, wenn nicht der Messias, hervorgegangen aus dem Geschlecht und der Stadt Davids?[32]

Gemeinsame Traditionen

Anfängliche Skizzen reichen aus, um einen ersten Eindruck zu gewinnen von dem immensen theologischen Potenzial, das den Kindheitsevangelien zugrunde liegt. Heißt das zugleich, dass es sich um „deutende Glaubensgeschichten" handelt[33], die am Ende „zu sehr von Legenden und Gedanken jüdischer und christlicher Messiasdogmatik überwachsen (sind), als dass man sie für historische Fragestellungen auswerten könnte"[34]? Man wird das Kind nicht gleich mit dem Bade auszuschütten haben. Natürlich findet sich in Mt 1–2 und Lk 1–2 legendarisches Material, vielleicht der Stern, der den Weisen den Weg zum Jesuskind weist, oder der Engelschor auf den Hirtenfeldern. Das muss aber umgekehrt nicht bedeuten, dass die Erzählungen der Kindheitsevangelien über keinerlei Geschichtswert verfügen.[35] Ihn freizulegen, ist freilich schwer (und vielleicht auch nicht mehr möglich). Gleichwohl sollte man den Willen des jungen Christentums nicht unterschätzen, geschichtliche Verhältnisse widerzuspiegeln.

---

32 Vgl. *August Strobel,* Art. Bethlehem, in: Exegetisches Wörterbuch zum Neuen Testament I (1980) 513ff.
33 So *Rudolf Hoppe,* Jesus. Von der Krippe an den Galgen, Stuttgart 1996.
34 So der einflussreiche evangelische Neutestamentler *Günter Bornkamm,* Jesus von Nazareth, Stuttgart [15]1995, 48.
35 Vgl. dazu *Hans-Georg Gradl,* Von Ostern durchwirkt. Die lukanische Kindheitsgeschichte, in: Th. Söding (Hg.), Zu Bethlehem geboren? Das Jesus-Buch Benedikts XVI. und die Wissenschaft, Freiburg i. Br. 2013, 31–44.

Den Anfang machen wahrscheinlich schlichte Glaubens- und Bekenntnisformeln, die unter dem Anspruch stehen, das aufzugreifen, was sich zugetragen und ereignet hat. Aus welchen mündlichen oder vielleicht bereits schriftlichen Quellen sie schöpfen, ist heute kaum noch festzustellen. Das muss aber nicht von vornherein bedeuten, dass sie nichts außer Legende sind. Welche Wahrscheinlichkeit sollte die Annahme für sich beanspruchen können, der Herrenbruder Jakobus habe vor der Jerusalemer Urgemeinde über alles Erdenkliche gesprochen – nur nicht über das, was man vielleicht das kollektive Gedächtnis seiner Familie nennen könnte? Er muss doch etwas erzählt haben![36] Auf einer späteren Überlieferungsstufe wurden die anfänglichen Glaubenssätze und Erinnerungsformate vielleicht in größeren Narrationen erfasst. Irgendwann entstanden aus ihnen dann auch jene Erzähl- und Sinnzusammenhänge, die als Kindheitsevangelien auf die eine Weise in das Matthäusevangelium und auf die andere Weise in das Lukasevangelium Einzug hielten.

Geschichten von Flüchtlingen

Sowohl das Matthäus- als auch das Lukasevangelium tragen Spuren ihrer Entstehungszeit an sich. Das war keine leichte Zeit. Nur wenige Jahre zuvor kam es in Israel zu einem Aufstand der einheimischen Bevölkerung gegen Rom. Der antike Historiker Flavius Josephus (37–100 n. Chr.) dokumentiert diesen so genannten „Jüdischen Krieg" (66–70 n. Chr.), der im Kern die brutale Niederschlagung jüdischer Freiheitsbestrebungen durch die römischen Besatzer Israels bedeutete. Die

---

36 Vgl. *Rainer Riesner*, Jesus als Lehrer. Eine Untersuchung zum Ursprung der Evangelien-Überlieferung (WUNT II/7), Tübingen ³1988, 201f.

Katastrophe hat eine lange Vorgeschichte: Römische Prokuratoren hatten das ohnehin gebeutelte Land zuletzt in eine tiefe wirtschaftliche, soziale und auch politische Krise geführt. Vor allem in den ländlichen Regionen Judäas und Galiläas organisierten sich in der Folge politische Gruppierungen, die in mancherlei Hinsicht heutigen terroristischen Vereinigungen ähnelten und entsprechend agierten. Je länger, desto mehr entwickelte sich eine unheilvolle Spirale von zelotischer Gewalt und staatlicher Gegengewalt. Schließlich wurde sogar der politisch überaus einflussreiche Hohepriester, das geistliche Oberhaupt Jerusalems, in seinem Palast ermordet. Als alles in Flammen steht, bricht der Krieg aus. Der römische Kaiser Nero schickt mit Vespasian einen der Besten seiner Generalität, um die Lage zu beruhigen. Doch das misslingt. Als er zusammen mit seinem Sohn, dem Feldherrn Titus, Galiläa zurückerobert und wenig zimperlich gen Süden zieht, kommt es zu einem schweren Richtungsstreit zwischen den aufständischen Zeloten und der Bevölkerung Jerusalems. Im Jahr 68 n. Chr. zieht Vespasian einen Belagerungsring um die Stadt und gewinnt die Kontrolle über weite Teile des Landes zurück. Es vergehen Monate, sogar Jahre. In Jerusalem spitzt sich die Lage immer dramatischer zu. Im Sommer des Jahres 70 n. Chr. rücken die Römer schließlich vor. Sie zerstören den Tempel und vernichten die Heilige Stadt. Das alles stürzt das palästinische Judentum in eine tiefe Krise. Sadduzäer und Essener verlieren ihre Basis, die Zeloten sind vernichtend geschlagen, sogar der Hohe Rat hört auf zu existieren.

Flavius Josephus sagt bei aller Ausführlichkeit in der Darstellung des Schrecklichen nichts über das Schicksal der Jerusalemer Christen. Erst Eusebius berichtet gut zweihundert Jahre später in seiner Kirchengeschichte (III 5,3), den Leitern der Urgemeinde sei kurz vor Ausbruch des Krieges in Jerusalem eine Offenbarung zuteilgeworden, der zufolge die christliche Gemeinde angewiesen wurde, aus der Stadt gen Norden zu fliehen und sich in der Stadt Pella in Peräa niederzulassen, um so dem sicheren Tod zu entgehen. Der Quellenwert dieser Nachricht ist umstritten. Schließich notiert die Kirchengeschichte des Eusebius noch andere Fluchtwege und Fluchtverläufe (III 11).[37] Aber gerade das ist interessant. Denn in diesem urchristlichen Milieu, wo auch immer es schlussendlich eine neue Heimat fand, wird man mit den frühesten Ursprüngen der Kindheitsevangelien zu rechnen haben. Sie sind also von ihren literarischen Anfängen her Flüchtlingsliteratur, die schon allein deshalb nicht die Aura der Unerschütterlichkeit versprüht, sondern den Geist einfacher Wachsamkeit und innerweltlicher Heimatlosigkeit. Vor allem Matthäus wird später (ca. 90 n. Chr.) versuchen, in seinem Kindheitsevangelium unterschiedliche Traditionen so zu verbinden, dass sie zu ihrem Recht kommen. Bei ihm ist die Rede von Verfolgung, von Flucht und Gefahr (vgl. Mt 2). Es wirkt vor diesem Hintergrund bezeichnend, dass dieses Evangelium aller Wahrscheinlichkeit nach eben dort entstand, in Syrien nämlich, wo gegenwärtig ein lebensfeindlicher Krieg wütet, der Millionen von Menschen in die Flucht schlägt.

---

37 Eine Übersicht verschafft *James D. G. Dunn*, Neither Jew nor Greek. A Contested Identity (Christianity in the Making 3), Grand Rapids 2015, 524–528.

DER KÖNIG IN DER KRIPPE – DAS LUKASEVANGELIUM

Robert Vorholt

Im Mittelpunkt der lukanischen Kindheitsgeschichte steht das Jesuskind in der Krippe. Aber diese berühmte Szene auf dem Hirtenfeld von Betlehem gehört zu einem sorgfältig komponierten Erzählkranz, der wichtige theologische Zusammenhänge stiftet. Entscheidend ist das Zueinander des Täufers Johannes und Jesu von Nazaret. Im Evangelium wird sich zeigen, dass es ein gottgewolltes Miteinander wird, in dem der eine der Vorläufer, der andere der verheißene Messias ist. Diese Glaubensüberzeugung prägt sich tief in das lukanische Kindheitsevangelium ein.

Die Verheißung der Geburt des Täufers Johannes (Lk 1,5–25)

Alles beginnt mit einer knappen Vorstellung des Jerusalemer Priesters Zacharias und seiner Frau Elisabet (Lk 1,5–7). Beide leben so, dass ihr Lebenszeugnis Gott gefällt. Allein die Tatsache, dass sie kinderlos geblieben sind, wirft einen dunklen Schatten auf das Glück der beiden.

Die zweite Szene (Lk 1,8–10) spielt im Tempel, der Wirkstätte des Zacharias. Als er dort seinen Dienst erfüllt, fällt ihm routinemäßig per Los die ehrenvolle Aufgabe zu, dem Herrn das Rauchopfer darzubringen.

Die dritte Einstellung (Lk 1,11–20) berichtet einigermaßen schnörkellos, dass sich dem Priester Zacharias nun während der Opferhandlung am Rauchopferaltar ein Engel des Herrn zeigte. Der trägt, so wird er wenig später kundtun (Lk 1,19), einen berühmten Namen: Gabriel. Dem Phänomen des Engels an sich widmet Lukas allerdings nur wenig Aufmerksamkeit. Umso mehr liegt ihm an seiner Botschaft. Er platziert sie deshalb in der Mitte dieser Erzählung (Lk 1,13–17), denn ihr Inhalt ist spektakulär: Gott wird Elisabet und Zacharias vom Kreuz ihrer Kinderlosigkeit befreien. Auch wenn beide bereits in vorgerücktem Alter sind, werden sie einen Sohn erhalten, den sie Johannes nennen sollen. Der Hinweis auf das vorangeschrittene Lebensalter der beiden unterstreicht das Unglaubliche und Wunderbare. Dass das Numinose gleichwohl nicht unbestimmt bleibt, wird durch den Fortgang der Engelrede klar: Es ist der Wille Gottes selbst, der sich hier realisiert. Deshalb wird allseits übergroße Freude herrschen. Johannes wird von Gottes Geist erfüllt sein. Er wird mit der Kraft des endzeitlichen Propheten Elija (vgl. Mal 3,23) ausgerüstet werden und dem Herrn vorangehen, um das Volk für die Begegnung mit ihm zu bereiten. Die Ansage des Engels übersteigt alles Fassbare, weshalb Zacharias verständlicherweise ein Zeichen der Beglaubigung fordert. Dies wird ihm auch gewährt, allerdings auf recht skurrile Art und Weise:

„Du sollst stumm sein und nicht mehr reden können, bis zu dem Tag, an dem das alles eintrifft" (Lk 1,20).

Die vierte Szene (Lk 1,21–22) zeigt, dass der Engel keinen Scherz macht. Der Menschenmenge, die draußen im Vorhof des Tempels auf ihn wartet, kann sich Zacharias nur noch per Handzeichen verständlich machen. Die fünfte Einstellung (Lk 1,23–25) beendet die Erzählung. Das Wort des Engels wird auf das Eindrücklichste bestätigt: Als Zacharias nach Beendigung seiner kultischen Dienstzeit schlussendlich heimkehrt, empfing seine Frau einen Sohn. Das letzte, vielleicht schönste Wort hat Elisabet:

„Der Herr hat mir geholfen! Er hat in diesen Tagen voll Liebe auf mich geschaut und mich befreit von Schande, mit der ich in den Augen von Menschen beladen war" (Lk 1,25).

Zentrales Thema dieser ersten Erzählung ist der Täufer Johannes. Die Botschaft des Engels (Lk 1,13–17) charakterisiert ihn in vollen theologischen Zügen: Sein Name ist ein Programmname, denn „Johannes" meint so viel wie „Der Herr ist gnädig". Das heißt: Gott wendet sich durch die Geburt dieses Kindes den Menschen seines Volkes neu und leidenschaftlich zu. Johannes wird ferner „groß vor dem Volk sein", nicht nur, weil er als Gottesmann ein asketisches Dasein führen wird (vgl. Num 6,1 ff.), sondern vor allem deshalb, weil er durch Gottes Geist, der in ihm ist, bereits vom Mutterleib an zum endzeitlichen Propheten für das Volk berufen ist und – anders als die übrigen Propheten Israels – nicht erst durch ein Berufungsereignis von Gott in Dienst genommen werden muss. Als solcher ist er zwar kein zweiter Elija, aber er erfüllt seinen prophetischen Dienst in der Kraft des Elija, was ihn seinerseits zum Repräsentanten der Endzeit werden lässt. Dieses zeichnet sich im Licht der Hoffnung Israels insbesondere dadurch aus, dass Gott alle Formen von Ungerechtigkeit, Gewalt und Lebensfeindlichkeit überwindet, indem er einen neuen Himmel und eine neue Erde herbeiführen wird (vgl. Jes 65,17). Dazu passt, dass Johannes viele zur Umkehr ruft und sich in den

Dienst der Versöhnung stellt. Auch die *surroundings* der Geschichte weisen ihn entsprechend aus: Johannes geht aus einer Priesterklasse hervor, die den Mittlerdienst zwischen Gott und den Menschen repräsentiert. Seine Eltern leben gerecht und fromm (Lk 1,6), sie hoffen auf den Herrn. Und in heiliger Stunde, an heiligstem Ort verheißt kein Geringerer als der Erzengel Gabriel die Geburt dieses Kindes.

Lukas platziert mit dieser ersten Erzählung ein deutliches Vorsignal. Es ist kein Zufall, dass die Figur des Täufers, die Umstände der Ankündigung seiner Geburt ebenso wie der heilsgeschichtliche Stellenwert, der ihm zugesprochen wird, letztlich Jesus selbst aufscheinen lässt. Das Lukasevangelium rückt gleich zu Beginn der Kindheitsgeschichte die Maßstäbe zurecht: Das, was hier erzählt werden wird, kann nur deshalb erzählt werden, weil ein in der Unermesslichkeit seiner Liebe entschiedener Gott die Geschichte der Menschen zum Leben in Fülle lenkt und vorantreibt.

Die Ankündigung der Geburt Jesu (Lk 1, 26–38)

Die zweite Erzählung, die im Grunde genommen nur eine einzige Szene umfasst, zählt zu den berühmtesten Episoden des Neuen Testaments und inspirierte die christliche Ikonografie noch und noch, nicht zuletzt die Malerei der italienischen Renaissance. Weil sich der biblische Text an dieser Stelle allerdings eher dem Wort und weniger der Schilderung einer Handlung verpflichtet zeigt, bedurfte es oft anderer Quellen zur Ausmalung der Szenerie. Fündig wurde man vor allem im apokryphen Protoevangelium des Jakobus (2. Jh. n. Chr.), das die lukanische Erzählung auszustaffieren scheint, indem es vorstellt, wie Maria in der Wohnstube ihres Hauses sitzt und feinste Handarbeit verrichtet (ProtevJac 11). Lukas verzichtet auf solche Details. Seine Erzählung wird aber gerade so zu einem kunstvollen

Gebilde, dem wenige Verse wie leichte Pinselstriche reichen, um ein christologisches Meisterwerk an den Beginn des Kindheitsevangeliums Jesu zu stellen (Lk 1,26–38).

26Im sechsten Monat wurde der Engel Gabriel von Gott in eine Stadt Galiläas namens Nazaret gesandt 27zu einer Jungfrau, die mit einem Mann namens Josef aus dem Haus Davids verlobt war, und der Name der Jungfrau war Maria. 28Und er kam zu ihr und sagte: „Gegrüßet seist du, Begnadete, der Herr ist mit dir."

29Sie aber erschrak ob des Wortes und überlegte, was dieser Gruß bedeuten könne.

30Da sagte der Engel ihr: „Fürchte dich nicht, Maria. Denn du hast Gnade bei Gott gefunden. 31Und siehe, du wirst schwanger werden und einen Sohn gebären und sollst seinen Namen Jesus nennen. 32Er wird groß sein und Sohn des Höchsten genannt werden, und es wird Gott, der Herr, ihm geben den Thron seines Vaters David. 33Und er wird herrschen über das Haus Jakob bis in Ewigkeit, und seiner Herrschaft wird kein Ende sein."

34Da sagte Maria zum Engel: „Wie soll das geschehen, da ich keinen Mann erkenne?"

35Da antwortete ihr der Engel und sagte ihr: „Der Heilige Geist wird über dich kommen und die Kraft des Höchsten dich überschatten. Deshalb wird auch, der geboren wird, heilig genannt werden, Sohn Gottes. 36Und siehe, Elisabet, deine Verwandte, hat auch einen Sohn empfangen, in ihrem Alter, und ist jetzt im sechsten Monat, sie, die als unfruchtbar galt. 37Denn bei Gott ist kein Ding unmöglich."

38Da sagte Maria: „Siehe, ich bin die Magd des Herrn; mir geschehe nach deinem Wort."

Da verließ sie der Engel.

Sechs Monate nachdem Elisabet ihren Sohn Johannes empfangen hat, betritt der Erzengel Gabriel erneut die Bühne des Evangeliums. Er wird von Gott in eine Stadt in Galiläa namens Nazaret zu einer Jungfrau gesandt. Der Name der Jungfrau war Maria. Sie war mit einem Mann namens Josef verlobt (Lk 1,26 f.). Im Zentrum der Szene steht ein großer Dialog zwischen dem Engel und Maria. Lukas ist ein ausgezeichneter Erzähler. Er spürt das Besondere der Situation. Deshalb schafft er eine konzentrierte, aber auch ruhige Atmosphäre: kein Wort, keine Geste zu viel. Alles ist aufeinander abgestimmt. Es gibt keine störenden Geräusche, keine lauten Töne. Auf die dreimalige passgenaue Ansprache des Engels (Lk 1,28.30–33.35–37) reagiert Maria immer nur kurz, zuerst mit leisem Erschrecken (Lk 1,29), danach mit einer ebenso begründeten wie knappen Rückfrage (Lk 1,34) und schließlich mit ihrer nicht gerade überschwänglichen Einwilligung (Lk 1,38).

Wie schon in Lk 1,5–25 kommt es Lukas in erster Linie auf das gesprochene Wort an. Leitend ist die Absicht, mit der Botschaft des Engels und durch Marias Verhalten den heilsgeschichtlichen Stellenwert der Geburt Jesu zu ermessen. Im Hintergrund der Engelsbotschaft scheint die Natansverheißung (2 Sam 7,14–16) auf. Von ihr her klärt sich, was es bedeutet, dass Jesus „groß sein und Sohn des Höchsten genannt werden wird" (Lk 1,32); dass „Gott, der Herr, ihm den Thron seines Vaters David geben wird und dass er über das Haus Jakob in Ewigkeit herrschen wird" (Lk 1,33). Die herrscherlichen Würdeprädikationen identifizieren Jesus – vielleicht sogar über alle herkömmlichen Vorstellungen hinaus[38] – als den

---

38 So jedenfalls *Josef Ernst,* Lukas – Ein theologisches Portrait, Düsseldorf 1985, 60f.

verheißenen und ersehnten Messias Israels. Wie sehr er sich auf den vorgezeichneten Hoffnungsbahnen bewegen wird, will der Name, den er tragen soll, programmatisch zum Ausdruck bringen: Jesus – der Herr rettet (Lk 1,31).

Messianische Anklänge kommen nicht weniger massiv durch ein weiteres Detail der Erzählung zum Tragen: Insgesamt fünf Mal betont Lukas, dass Maria ihren Sohn Jesus als Jungfrau empfängt (Lk 1,27.31.34). Das Motiv der Jungfrauengeburt findet sich auch bei Matthäus (Mt 1,20–23). Es ist alttestamentlich vorgeprägt. Messianisch aufgeladen wird es vor allem durch eine Prophetie des Jesaja:

> *„Seht, die Jungfrau wird ein Kind empfangen, sie wird einen Sohn gebären, und sie wird ihm den Namen Immanuel, Gott mit uns, geben"* (Jes 7,14).

Lukas redet nicht lange um den heißen Brei herum. Sofort klärt er die Frage nach dem Wie: Gottes Geist wird das Wunder in Maria wirken, die schöpferische Wirkmacht jenes Gottes nämlich, bei dem „nichts unmöglich ist" (Lk 1,37). Gemeint ist der Geist, der zu Beginn der Schöpfung über den Wassern schwebte (Gen 1,2) und für die Zukunft als aus den Höhen herabkommend erwartet wird (Jes 32,15). Das Bild von der „Überschattung" meint den gleichen schöpferischen Vorgang: Gottes neuschöpferische Macht wird im Schoß Marias ein Kind erschaffen.[39] Postaufklärerische Erklärungs- und Entsorgungsversuche dieses sperrigen Sachverhaltes gab es zuhauf – zu allen Zeiten und mit erheblichen Schwankungen im Niveau. Hilfreich erscheint der Hinweis, dass es Lk 1,35

---

39 Vgl. *Heinz Schürmann*, Das Lukasevangelium 1,1 – 9,50 (HThKNT III/1), Freiburg i. Br. 2000 (Sonderausgabe), 52.

der Sache nach um die geistgewirkte Überwindung fehlender kreatürlicher Potenzialität geht: Ein Mensch wird aus der Macht Gottes gezeugt.[40] Diese Vorstellung enthält aber – anders als in diversen zeitgenössischen Schöpfungsmythen und über sie hinaus[41] – keine sexuelle Konnotation. Indem Lukas das Geheimnis der Empfängnis wahrt, bringt er zum Ausdruck, dass Gott selbst in Jesus die Rettung der Menschen betreibt. Würde sie sich nicht real zugetragen haben, wäre sie ein leeres Versprechen; kürzte man das Ereignis aus der Erzählung, würde sie zu leerem Gerede.[42]

Der Erzengel Gabriel verbindet den Gruß an Maria mit dem Begriff „Be-Gnadete". Die ehrenvolle Anrede hat ihren Grund sicher in der göttlichen Erwählung Marias als Mutter Jesu. Einige Exegeten vermuten, dass noch mehr dahintersteckt. Sie halten es für möglich, dass die Empfängnis des Jesus-Kindes bereits erfolgt sei und Maria folglich die Fülle der göttlichen Gnade schon in sich trage. Dann hätte dem Engel hier vor allem das Gnadenhafte der Gottesmutterschaft vor Augen gestanden. Man sollte am Ende Geheimnis Geheimnis sein lassen können und weder die Psychologie eines Engels erforschen noch den Sinngehalt einer biblischen Erzählung überdehnen. Wichtig ist, dass Gottes Ruf die Freiheit eines Menschen nicht aus-, sondern einschaltet. Wie könnte das schöner zur Sprache gebracht werden als durch Marias Reak-

---

40 *Gerhard Ludwig Müller*, Art. Jungfrauengeburt, in: Lexikon für Theologie und Kirche 5 (1996) 1090–1095, hier 1093.

41 Vgl. *Andrea von Lieven,* Jungfräuliche Mutter? Eine ägyptologische Perspektive, in: Th. Söding (Hg.), Zu Bethlehem geboren? Das Jesus-Buch Benedikts XVI. und die Wissenschaft, Freiburg 2013, 156–170.

42 *Joseph Ratzinger,* Einführung in das Christentum. Vorlesungen über das Apostolische Glaubensbekenntnis, München ⁹2007, 222–230; vgl. *ders.*, Jesus von Nazareth Prolog: Die Kindheitsgeschichten, Freiburg i. Br. 2012, 64f.

tion auf den Besuch des Himmelsboten. Dort finden sich Erschrecken, Überlegung, Nachfrage, Bedenken. Schlussendlich sagt sie „Ja". Gottes Plan nimmt Fahrt auf.

Die gesamte Szenerie ähnelt nicht bloß zufällig der voranstehenden Erzählung von der Verkündigung der Geburt des Täufers Johannes. Entscheidend sind aber nicht nur die inhaltlichen Parallelen, die sich vor allem im Blick auf die Verheißungstreue Gottes ergeben, sondern auch der Gegensatz[43], der wahrscheinlich bewusst in die beiden Berichte eingetragen wurde: Anders als Johannes, der „nur" der Sohn eines Priesters aus der Klasse Abijas ist (Lk 1,5), kommt Jesus als Spross des messianisch-königlichen Hauses David zur Welt (Lk 1, 27.32). Die Mutter des Täufers, Elisabet, ist fortgeschrittenen Alters und galt als unfruchtbar (Lk 1,7). Jesus hingegen wird von einer Jungfrau zur Welt gebracht (Lk 1,27.31.35 ff.). Verdankt sich Johannis Geburt dem inständigen Gebet eines Priesters (Lk 1,13), wird die Geburt Jesu auf die gnadenhafte Initiative Gottes selbst zurückgeführt (Lk 1,28.30). Und schließlich: Wurde Johannes vom Mutterleib an zu endzeitlichem Prophetendienst mit Heiligem Geist ausgerüstet (Lk 1,15 f.), ist im Blick auf Jesus davon die Rede, dass er geistgezeugt, heilig und Sohn Gottes sein wird (Lk 1,35), dessen Herrschaft kein Ende nimmt (Lk 1,33). Die zweifellosen Vorzüge und Auszeichnungen des Täufers werden also in Jesus allesamt überboten. Das ist keine Prahlerei, sondern dient der christologischen Profilierung Jesu. In ihm ist Gott selbst zugegen. Das unterscheidet den Gottessohn aus Nazaret von jedem anderen Gottesmann.

---

43 Vgl. *Wolfgang Knörzer*, Wir haben seinen Stern gesehen. Verkündigung der Geburt Christi nach Lukas und Matthäus, Stuttgart 1967, 80f.

Lukas beschreitet damit erstmals die Höhenpfade seiner Christologie. Man sollte das nicht als steile, vielleicht unnötige theologische Finesse zwischen den Zeilen des Kindheitsevangeliums abtun. Nur wenige Verse später wird Lukas berichten, dass eben dieser Jesus, der hier so pointiert als Gottessohn gewichtet wird, wie ein Flüchtlingskind unter schwierigsten Bedingungen irgendwo draußen vor den Toren der Stadt Betlehem das Licht und auch das Dunkel der Welt erblickt. Beides gehört zusammen. Und beides legt sich wechselseitig aus. Lukas ist ein Meister der Kontraste. „Gold vor Schwarz" war im Jahr 2008 der Titel einer Ausstellung des Essener Domschatzes im Ruhr Museum auf dem Gelände der Zeche Zollverein. Dort war zu bestaunen, wie goldene sakrale Gefäße ihren Glanz keineswegs einbüßen, sondern veredeln, wenn sie von schwarzen und verrußten Kohlewänden umgeben sind. Wahrscheinlich hatte Lukas ähnliche Eindrücke im Sinn, als er im Rahmen seiner Verkündigungsszene das helle Licht hervorhebt, das er mit der Person und der Geschichte Jesu verbindet.

Maria auf dem Weg zu Elisabet (Lk 1,39–56)

Die Erzählung blendet eine neue Szene ein und zeigt Maria zu Besuch bei ihrer Verwandten Elisabet. Lk 1,39 rafft sehr stark zusammen, wie sie von Nazaret in Galiläa zu Fuß hinauf in eine Stadt im Bergland von Judäa eilt. Lk 1,40–56a spielt sich im Haus des Zacharias ab: Maria begrüßt Elisabet (Lk 1,40), das Kind hüpft vor Freude in Elisabets Leib, als sie Marias Gruß vernimmt (Lk 1,41), da wird Elisabet vom Heiligen Geist erfüllt und preist Maria (Lk 1,42–45). Maria antwortet mit dem Magnificat (Lk 1,46–55). Nach drei Monaten kehrt Maria nach Hause zurück (Lk 1,56).

Die Pointe dieser dritten Geschichte des lukanischen Erzählkranzes besteht in der Verbindung der in den beiden voranstehenden Verkündigungserzählungen entfalteten theologischen Linien. Maria und Elisabet treffen sich und die Wege ihrer Söhne kreuzen sich, noch ehe sie zur Welt kommen. Lukas schafft eine Bühne, auf der die vier Protagonisten zusammenkommen, um sie im direkten Gegenüber in ihrem Verhältnis zueinander zu bestimmen.[44]

Gleich zweimal wird der doch etwas seltsame Sachverhalt notiert, dass Johannes vor Freude im Bauch seiner Mutter hüpfte, als Elisabet Marias Gruß hörte (Lk 1,41.44). François Bovon erkennt darin den Erweis, dass Gott sich nicht nur der Worte von Menschen bedient, sondern auch der Ausdrucksweise ihrer Körper.[45] Es wird aber vielleicht noch einen tieferen Sinngehalt geben, der dem christologischen Niveau des Lukas angemessener erscheint. Origenes (185–254 n. Chr.) sieht im Jubel des geistbegabten Kindes im Leib seiner Mutter gewissermaßen den Motor für die sich jetzt Bahn brechende Geistbegabung der Mutter (Lk 1,41).[46] Vermutlich ist tatsächlich eher in diese Richtung zu denken: Der Jubel des Täufers im Leib seiner Mutter lässt ihn vom Mutterschoß an der Vorläufer und Wegbereiter Jesu sein. Es ist unermessliche Freude, die hier anklingt. In diesem Sinne begegnet das Bild auch im Alten Testament (vgl. Ps 113,4.6; Jer 50,11 u. a.) und – markanter noch – im Frühjudentum. So heißt es in den frühjüdischen Psalmen Salomos (einer apokryphen Schrift):

---

44 *Willibald Bösen*, In Bethlehem geboren, 133.

45 *François Bovon*, Das Evangelium nach Lukas I (EKK III/1), Neukirchen-Vluyn/Ostfildern ²2011 (1989), 85f.

46 *Origenes*, In Lucam Homiliae – Homilien zum Lukasevangelium. Erster Teilband (Fontes Christiani 4/1), Freiburg i. Br. 1991, 107–109.

„Mein Herz ist voll Freude und pocht wie ein Kind, das im Leib seiner Mutter hüpft" (PsSal 28,3).[47]

Von Elisabet sagt Lukas, dass sie – erfüllt vom Heiligen Geist – eine Art Lobpreis über Maria ausspricht, ähnlich wie im Alten Testament (Jdt 13,18 f.) Usija über Judith. Im Zentrum dieses Lobpreises steht kein Segenswunsch, sondern eine Feststellung: Maria ist von Gott gesegnet. Er, der Lebendige, ist der Initiator des ganzen Geschehens. Insofern er Maria erwählte, die Mutter Jesu zu sein, überragt sie alle Frauen. Das ist nicht die Logik eines Schönheitswettbewerbs, sondern Niederschlag eines *Standings*, das sich vom Sohn herleitet. Beinahe unvermittelt erreicht das Wort Elisabets christologische Spitzenwerte. Hinter der unscheinbaren, auf einer rein menschlichen Ebene irgendwie auch verstörenden Frage „Wer bin ich, dass die Mutter meines Herrn zu mir kommt?" scheint ein großes Glaubensbekenntnis auf. An dieser Stelle fällt erstmals im Lukasevangelium der Kyrios-Titel mit Bezug auf Jesus. Dieser Kyrios-Titel verbindet Glanz und Gewicht biblischer Gottesrede mit Jesus.

Maria antwortet ihrerseits mit einem Lobpreis (Lk 1,46–55), der allerdings in direkter Weise auf Gott bezogen ist. Und das ist kein Wunder. Denn jetzt, nachdem sie die schwangere Elisabet getroffen hat, weiß sie, dass das, was ihr der Engel sagte, kein illusorisches Wunschdenken war (vgl. Lk 1,36). Sie kann nun mit einem Erfahrungswert davon ausgehen, dass Gottes

---

47 Griechische Ausgabe: *Robert Wright*, The Psalms of Solomon: A Critical Edition of the Greek Text (Jewish and Christian Texts in Contexts and Related Studies 1), London/New York 2007. Deutsche Übersetzung: *Svend Holm-Nielsen*, Die Psalmen Salomos (Jüdische Schriften aus hellenistisch-römischer Zeit IV/2), Gütersloh 1977.

Wille sich auch in ihrer Lebensgeschichte realisiert. Das ist der Kern des Magnificat: Er, der Mächtige, hat eine Großtat an Maria und den Menschen vollbracht, weil er sich den Menschen in unüberbietbarer Weise neu zuwendet, insbesondere den Schwachen und den Armen. Hochmütige, die sich nicht als erlösungsbedürftig betrachten können, wird er zerstreuen; Mächtigen wird er ihre ureigene Ohnmacht aufgehen lassen und Niedrige erhöhen; Hungernde wird er zur Gänze sättigen und Reichen ihre tatsächliche Armut zeigen (vgl. Lk 1,51–53). Es ist ein verborgener und zugleich richtungsweisender Hymnus auf das Wirken Gottes in Jesus, der hier anklingt.

Die Geburt des Täufers Johannes (Lk 1,57–80)

Die vierte Szene wird allgemeinhin, aber nicht ganz präzise als Geburtserzählung des Täufers deklariert. Die genauen Umstände werden nämlich gar nicht erzählt. Stattdessen stehen der Name und die Namensgebung des Kindes im Zentrum der Geschichte. Den Vorschlag der Familie, den Jungen nach seinem Vater zu benennen, wischt Elisabet vom Tisch. Sie braucht dafür keine Argumente. Zacharias kann das verstehen. Er, der seit der Erscheinung des Engels stumm ist, schreibt auf eine Tafel: „Sein Name ist Johannes" (Lk 1,63). Dies zu sagen ist Lukas wichtig: Auch dieser Name ist Programm („Gott ist gnädig"). Aber es bleibt eben das Programm Gottes, nicht das von Menschen. Darum ist es nicht einmal die Verwandtschaft, die auf diesen Namen kommen könnte. Gott selbst steht dafür ein. Zacharias weiß das. Sofort kann er wieder sprechen. Das Geschehen verbreitet sich wie ein Lauffeuer im ganzen Bergland von Judäa (Lk 1,65). Es war schließlich deutlich, dass der Herr die Hand im Spiel hatte (Lk 1,66). Er ist ein treuer und geschichtsmächtiger Gott, kein Gott der Wahrscheinlichkeitsrechnungen. Davon handelt der Lobgesang des Zacharias (Lk 1,68–79), der nach allem, was geschehen ist, förmlich aus ihm herauszusprudeln scheint.

Die Geburt Jesu (Lk 2,1–20)

Mit der fünften Szene Lk 2,1–20 erreicht der Reigen der Kindheitserzählungen seinen Höhepunkt. Es geht um die Geburt Jesu und nicht weniger um die Begleitumstände. Zuerst verortet Lukas das Geschehen in Raum und Zeit: Es geschah zur Zeit des Kaisers Augustus, als Quirinius Statthalter von Syrien war (Lk 2,1 f.). Das ist nicht unwichtig. Denn auf diese Weise unterstreicht der Evangelist, dass das, was er nun berichten wird, kein Mythos ist, der erzählt, „was niemals war und immer ist" (Sallust). Im Gegenteil: Die Geburt des göttlichen Kindes ereignet sich inmitten der Geschichte (vgl. auch Lk 3,1 f.). Sie lässt sich chronologisch fixieren. Gerade so markiert sie die Zeitenwende:

[1]*Es geschah aber in jenen Tagen, dass ein Gebot vom Kaiser Augustus ausging, den ganzen Erdkreis aufzuschreiben.* [2]*Dieser Zensus war der erste, er geschah, als Quirinius über Syrien herrschte.*

[3]*Und alle gingen, sich aufschreiben zu lassen, ein jeder in seine eigene Stadt.*

[4]*Da ging auch Josef aus Galiläa, aus der Stadt Nazaret, hinauf nach Judäa in die Stadt Davids, die Betlehem heißt, weil er aus dem Hause und Geschlechte Davids war,* [5]*um sich einzutragen mit Maria, seiner Angetrauten; die war schwanger.*

[6]*Es geschah aber, als sie dort waren, dass sich die Tage erfüllten, dass sie gebären sollte,* [7]*und sie gebar ihren Sohn, den Erstgeborenen, und wickelte ihn in Windeln und legte ihn in eine Krippe, denn in der Herberge war kein Platz für sie.*

^{8}*Und Hirten waren in jener Gegend auf dem Felde bei den Hürden und hielten Nachtwachen bei ihrer Herde.* ^{9}*Und der Engel des Herrn trat zu ihnen, und die Herrlichkeit des Herrn umstrahlte sie, und sie fürchteten sich sehr.*

^{10}*Und es sagte ihnen der Engel: „Fürchtet euch nicht! Denn siehe, ich verkündige euch eine große Freude, die dem ganzen Volk bereitet ist;* ^{11}*denn heute ist euch der Retter geboren, der ist Christus, der Herr, in der Stadt Davids.*

^{12}*Und das habt zum Zeichen: Ihr werdet finden ein Kind, in Windeln gewickelt, in einer Krippe liegen."*

^{13}*Und plötzlich war mit dem Engel die Fülle der himmlischen Heerscharen, die lobten Gott und sprachen:*

^{14}*„Ehre sei Gott in der Höhe und Friede auf Erden den Menschen seines Wohlgefallens."*

^{15}*Und es geschah, als die Engel von ihnen fort in den Himmel gefahren waren, da sagten die Hirten untereinander: „Auf, lasst uns nach Betlehem gehen und dieses Ereignis sehen, das der Herr uns kundgetan hat."*

^{16}*Und sie kamen eilends und fanden Maria und Josef und das Kind in der Krippe liegen.*

^{17}*Als sie es aber sahen, gaben sie Kunde von dem Wort, das ihnen über dieses Kind gesagt worden war.*

^{18}*Und alle, die es hörten, staunten über das, was ihnen die Hirten gesagt hatten.* ^{19}*Maria aber bewahrte alle diese Worte und bewegte sie in ihrem Herzen.*

^{20}*Und es kehrten die Hirten zurück und priesen und lobten Gott für alles, was sie gehört und gesehen hatten, wie es ihnen gesagt worden war.*

Der geschichtliche Rekurs ermöglicht es Lukas, auf der Ebene seines Evangeliums zu begründen, weshalb der Ort des Geschehens nun Betlehem ist. Die Rede ist von einem Befehl des römischen Kaisers zur steuerlichen Erfassung aller Bewohner des Reiches (Lk 2,1). Jeder, so heißt es, musste sich in seiner Heimatstadt in eine Steuerliste eintragen (vgl. Lk 2,1.3). Der Zensus führt Josef zusammen mit Maria, seiner Verlobten, hinauf nach Betlehem, in die Stadt Davids. Was auf der Ebene der Erzählung als Fluidum des Erzählflusses dient, bereitet der historisch-kritischen Rückfrage Kopfzerbrechen. Sie sieht sich mit mindestens vier Problemanzeigen konfrontiert. Der erste Einwand resultiert aus dem Umstand, dass sich für die Regierungszeit des Kaisers Augustus historiografisch bis dato keine reichsweite Steuerschätzung ausmachen lässt. Der zweite berücksichtigt, dass Lukas die Ereignisfolge seines Kindheitsevangeliums zur Zeit des Königs Herodes veranschlagt (Lk 1,5), und gibt zu bedenken, dass dieser schon 4 v. Chr. gestorben sei. Der dritte versucht im Prinzip, zu retten, was zu retten ist, und rechnet mit einem lokal begrenzten Zensus unter der Ägide des Statthalters Quirinius. Der römische Geschichtsschreiber Flavius Josephus liefert eine entsprechende Notiz (vgl. *De bello Judaico* II 117; *antiquitates Judaicae* XVII 355). Dann aber haut die Chronologie nicht mehr hin, denn die Erhebung Judäas zur römischen Provinz erfolgte erst im Jahr 6 n. Chr. Der vierte stellt – *last but not least* – den ganzen Vorgang infrage mit dem einfachen Hinweis, dass das Imperium Romanum von seinen Bürgern normalerweise nicht verlangte, zwecks steuerlicher Erfassung eine Reise in die jeweilige Heimatstadt anzutreten. Der Sachverhalt bleibt insgesamt schwierig.[48] Umgekehrt darf man Lukas nicht zu früh mit dem Vorwurf der Geschichtsklitterung belasten. Denn möglicherweise erstreckte sich solch ein gesamtrömischer Zensus etappenweise und über Jahre hinweg.[49] Es gibt zudem Quellen, nach denen Grundbesitzer im Kontext von Erhebungen am Ort ihres Besitztums zu erscheinen hatten.[50] Die Datierung des Todesjahres des Königs Herodes ist außerdem fraglich. Und wer wollte Joseph Ratzinger widersprechen, wenn er urteilt:

> Die wesentlichen Inhalte der von Lukas berichteten Vorgänge bleiben trotz allem historisch glaubhaft. (…) Er stand immerhin noch näher an den Quellen und an den Ereignissen, als wir es trotz aller historischen Gelehrsamkeit für uns beanspruchen können.[51]

Es bleibt ein gewichtiges, auch historisches Zeugnis, dass sowohl Matthäus als auch Lukas bei aller Unterschiedlichkeit in der jeweiligen Darstellung darin übereinstimmen, dass Jesus in Betlehem geboren wurde. Betlehem ist die Stadt messianischer Verheißung (Mi 5,1–3).[52] Jetzt wird sie zur Stadt messi-

---

48 So auch *Joseph Ratzinger / Benedikt XVI.*, Jesus von Nazareth. Prolog 73. Vgl. *Josef Schmid*, Das Evangelium nach Lukas (RNT 3), Regensburg ³1955, 70: „Ein nicht restlos lösbares Problem".
49 Vgl. *Pierre Benoit*, Art. Quirinius (Recensement de), in: DBS IX (1977) 693–720, bes. 697; *Alois Stöger*, Das Evangelium nach Lukas (Geistliche Schriftlesung III/1), Düsseldorf 1963, 372f.
50 Vgl. *Klaus Rosen*, Jesu Geburtsdatum. Der Census des Quirinius und eine jüdische Steuererklärung aus dem Jahr 127 n. Chr., in: Jahrbuch für Antike und Christentum 38 (1995) 5–15; *Wolfgang Wiefel*, Das Evangelium nach Lukas (ThHK 3), Berlin 1988, 69.
51 *Joseph Ratzinger / Benedikt XVI.*, Jesus von Nazareth. Prolog 73.
52 Vgl. *Christoph Heil*, Jesus aus Nazareth oder Bethlehem?, in: Konrad Huber (Hg.), Im Geist und in der Wahrheit, Münster 2008, 109–130, hier 118 f., der insbesondere Targum Mi 5,1 als frühes, vom Christentum unabhängiges Zeugnis für die Vorstellung Bethlehems als Geburtsort des Messias anführt.

anischer Erfüllung. Auch vor diesem Hintergrund wirkt es bezeichnend, dass Lukas die Figur des römischen Kaisers Augustus so prominent an den Anfang der Geburtserzählung stellt.

Unter der Herrschaft des göttlichen Imperators, der mit Abstand der mächtigste Mann der damaligen Welt gewesen sein dürfte, etablierte sich die Pax Romana, eine Friedensperiode innerer und äußerer staatlicher Stabilität von über 40 Jahren. Aber dieser Friede gerät hier nur zum Vor-Zeichen jenes größeren, ewig währenden Friedens, den der Gottessohn stiften wird zwischen Gott und den Menschen (vgl. 2 Kor 5,20). Josef und seine schwangere Verlobte brechen von Nazaret auf nach Betlehem. Das ist eine echte Weggeschichte. Die Pfade sind steil und beschwerlich, die Strecke misst 140 km.[53] Die Situation ist aus sich heraus dramatisch. Beinahe lapidar notiert Lukas, dass die beiden am Ziel des langen Marsches keine Unterkunft finden. Maria bringt ihren Sohn nicht in einem Geburtshaus, sondern irgendwo auf der Straße[54] zur Welt, sie wickelt ihn in Windeln und legt ihn in einen Futtertrog (Lk 2,7). Es fällt auf, wie zurückhaltend und nüchtern alles erzählt wird. Kargheit unterlegt die Szenerie. Die Windeln sprechen von der Hilfsbedürftigkeit des göttlichen Kindes, der Futtertrog wird zum Realsymbol der Not.[55] Aber genau das ist die Taktung der Sendung Jesu: Macht in Ohnmacht. Vom

---

53 Vgl. *Willibald Bösen*, In Bethlehem geboren, 155.

54 Das allein verrät der Kontext. Ob es nun ein Stall war oder eine Höhle, ist am Ende unwichtig. Absurd ist m. E. die Überlegung, es könne sich bei dem Geburtsort Jesu um eine „höher ‚gelegene Wohnterrasse' im typisch palästinischen Ein-Raum-Haus" o. Ä. gehandelt haben. Vgl. dazu *Willibald Bösen*, In Bethlehem geboren, 159.

55 *Joseph Ratzinger / Benedikt XVI.* (Jesus von Nazaret. Prolog 77 f.) ergänzt diese Deutung um eine (väter-)theologische Interpretation auf das Opfer am Altar hin.

Kreuz her zieht sich ein Bogen bis zum Anfang der Lebensge-schichte Jesu.[56]

Lk 2,8–14 birgt hinter der Hirtengeschichte einen theologi-schen Kommentar des Geschehens. Zum einen wird der Kont-rast zwischen Gottessohn und Straßenkind aufgeladen. Zum anderen bedarf es jetzt eines Offenbarungswortes, das das Zei-chen des göttlichen Kindes in der Krippe allererst zeichenhaft werden lässt.[57] Hauptfiguren der Episode sind Hirten, die in der Nähe Nachtwache bei ihrer Herde hielten (Lk 2,8). Warum Hirten? Weil es dort, rund um Betlehem, vor allem Hirten gab. Es wäre doch schlichter Unsinn, das Naheliegende interpreta-torisch zu überfrachten. Natürlich stehen die Hirten auch für Wachsamkeit, Fürsorglichkeit und vielleicht sogar für (äuße-re) Schlichtheit.[58] Ob Lukas hier aber tatsächlich ein David-motiv einspielt[59], steht m. E. dahin. Den ganz alltäglichen Hir-ten gilt jedenfalls die dritte und letzte Engelsbotschaft inner-halb des lukanischen Kindheitsevangeliums. Wieder hat sie richtungsweisenden Charakter und wieder bewegt sie sich auf den Höhenpfaden der Christologie:

> *„Heute ist zur Freude des ganzen Volkes in der Stadt Davids*
> *der Retter geboren; er ist der Messias, der Herr"* (Lk 2,10 f.).

Die Botschaft wirkt wie das große Finale eines weithin sicht-baren Feuerwerks. In äußerster Dichte fallen drei zentrale

---

56 Nicht sonderlich inspiriert wirkt vor diesem Hintergrund der Kommentar von *Josef Ernst*, Das Evangelium nach Lukas (RNT 3), Regensburg 1994, 83: „Für die ‚Armen im Lande', an die sich Lk ja in besonderer Weise wendet, ist eine solche Erzählung sicher hilfreich."
57 *Heinz Schürmann*, Lukasevangelium I 107.
58 Vgl. dazu *Johannes Degenhardt*, Lukas – Evangelist der Armen, Stuttgart 1965.
59 *Gerhard Schneider*, Lukasevangelium I 65.

Hoheitstitel, die das Mysterium der Geburt Jesu aussprechen und zugleich wahren. Zur und in die Welt gekommen ist Jesus, der Retter der Menschen, der Messias Israels, der Kyrios, in dem sich Gott Ausdruck und Sprache verleiht. Und wie ein strahlender Schlussakkord passt dazu, dass es am Ende ein ganzer Engelschor ist, der Gott lobt:

> *„Herrlichkeit Gott in der Höhe*
> *und auf Erden Friede den Menschen des Wohlgefallens"*
> (Lk 2,14).

Den Christinnen und Christen ist seit jeher klar,

> dass das Sprechen der Engel ein Singen ist, in dem der ganze Glanz der großen Freude, die von ihnen verkündet wurde, spürbar Gegenwart wird. Und so ist der Lobgesang der Engel von jener Stunde an nicht mehr verstummt. Er geht die Jahrhunderte hindurch in immer neuen Formen weiter und ertönt in der Feier der Geburt Jesu immer neu.[60]

In allmählicher Steigerung führt das Evangelium über die historische Verortung und die Erzählung von der Geburt des göttlichen Kindes hin zur doppelten Engelsoffenbarung. Danach klingt die Geschichte aus (Lk 1,15–20). Willibald Bösen ist zuzustimmen, dass es sich hierbei nicht einfach um ein idyllisches Erzählen handelt, sondern im Grunde um eine feinsinnige Homilie, die der Frage nachgeht, wie dem Geheimnis der Menschwerdung Gottes aufseiten der Menschen zu begegnen ist.[61] Die geistliche Schrittfolge, die die Hirten und Maria hier vorgeben, lautet: Hinwendung zu Gott – Bekenntnis des Glau-

---

60 *Joseph Ratzinger / Benedikt XVI.*, Jesus von Nazareth. Prolog 82.
61 *Willibald Bösen*, In Bethlehem geboren, 173.

bens – Bewegung im Herzen – Aussendung und Rückkehr in den Alltag – Verherrlichung und Lobpreis Gottes. Origenes (185–254 n. Chr.) lässt seinen exegetischen Kommentar der Perikope nicht ohne Grund mit einem spirituellen Impuls ausklingen:

> Indem wir diese Krippe verstehen, wollen wir uns mühen, den Herrn kennenzulernen und dieser Kenntnis würdig zu werden.

Das Zeugnis Simeons und Hannas (Lk 2,21–40)

Wie am Ende seines Evangeliums scheint Lukas auch zu Beginn die Ereignisse schlussendlich auf Jerusalem konzentrieren zu wollen. Jerusalem ist der Vorort Israels. Die beiden abschließenden Szenen des Kindheitsevangeliums handeln darum im Jerusalemer Tempel, der Wohnstatt Gottes auf Erden. Die Einleitung zur sechsten Erzählung zeigt die Heilige Familie – wohl in bewusster Parallelität zur Familie des Johannes – in enger Übereinstimmung mit dem mosaischen Gesetz und seiner kultisch-liturgischen Entfaltung (Lk 2,21–24). Beides begründet das Hinaufgehen zum Tempel (Lk 2,22), was auf der Ebene der Erzählung wiederum Voraussetzung ist für die Begegnung mit Simeon (Lk 2,25–35) und Hanna (Lk 2,36–38). Vielleicht steht Lukas hier auch Maleachi 3,1 vor Augen.

Ihrem Gehalt nach handelt es sich bei dieser Geschichte um eine Christuserzählung, die das Gottsein, aber auch das Menschsein Jesu betont und ihn zugleich – nach der Proklamation „von oben" (Lk 2,10–14) – durch das zweifache prophetische Zeugnis Simeons und Hannas als denjenigen ausweist, der er ist: Licht und Herrlichkeit (Lk 2,32), Retter (Lk 2,30) und Erlöser (Lk 2,38).

Der zwölfjährige Jesus im Tempel (Lk 2,41–52)

Maria, Josef und Jesus kehren in ihre galiläische Heimat zurück (Lk 2,39). Lukas fügt einen weiten Zeitsprung in seine Kindheitsgeschichte ein und lässt die abschließende Szene zwölf Jahre später, wiederum im Tempel von Jerusalem, spielen. Aus dem Kind wurde ein Teenager – offenbar mit allem, was das bedeutet. Natürlich ist er seinen Eltern entwischt, natürlich tut er vor allem das, wonach ihm der Sinn steht. Aber wonach ihm der Sinn steht, das unterscheidet ihn. Und wie er es macht, noch mehr. Im Licht von Lk 2,49 wird klar, worum es geht. Lukas erinnert hier keine Flegelei, sondern klärt auf hohem theologischem Niveau, wo Jesus – in Wahrheit – zu Hause ist. Maria macht ihm mit Recht Vorwürfe:

> *„Wie konntest du uns das antun?"* (Lk 2,48).

Hier wird schon etwas von dem Schwert des Schmerzes, das Simeon prophezeit hatte (Lk 2,35), spürbar. Marias Tadel trifft menschlich gesehen ins Schwarze:

> *„Dein Vater und ich haben dich mit Schmerzen gesucht!"*

Aus der Warte Jesu verfängt er hingegen nicht:

> *„Wusstet ihr nicht, dass ich in dem sein muss, was meines Vaters ist?"* (Lk 2,49).

Es ist das tiefe Geheimnis der Gottessohnschaft Jesu, das in dieser Antwort aufleuchtet. Ein Geheimnis, das menschlichem Denken und Empfinden nicht einfach zugänglich ist (Lk 2,50) und Herzenssache bleibt (Lk 2,51). Zu glauben heißt immer auch, dem Gottsein Gottes nachzuspüren selbst dort, wo es sich herkömmlicher Logik und gemeiner Wahrscheinlichkeitsmaßstäbe entzieht. Mit ihm gleichwohl zu rechnen, ist die

Einladung des Lukas an die Leserinnen und Leser seines Weihnachtsevangeliums.

Flucht als Weg

Die Bewegungen, die Lukas in der Kindheitsgeschichte beschreibt, sind das Vorzeichen der langen und weiten Wege, auf denen das Evangelium von Jesus und seinen österlichen Zeugen verbreitet wird. Aufbrechen, gar fliehen zu müssen, wird zu einem Kennzeichen der Mission – nicht nur als Preis, den es zu zahlen gilt, sondern auch als Form eines Glaubensweges, der von Gottes Ruf und menschlichem Widerstand geprägt ist.

Lukas hat nicht nur das Evangelium, sondern auch die Apostelgeschichte geschrieben. Beide Bücher, die die Geschichte Jesu und die Geschichte der Kirche zusammenhalten, verbindet eine „Theologie des Weges"[62]. Das Auf-dem-Weg-Sein Jesu entspricht seiner Sendung. Die lukanischen Kindheitserzählungen wecken bereits eine erste Ahnung. Der erwachsene Jesus wird praktisch immer rastlos *en route* sein. Jesus zieht von Galiläa hinauf nach Jerusalem. Im Zu-Gehen auf die Menschen und im Nach-Gehen bringt er sie mit Gott in Verbindung. Der „Reisebericht", den Lukas in der Mitte seines Evangeliums platziert (Lk 9–19), verfolgt die einzelnen Etappen und Stationen. Im Unterwegssein Jesu drängt das Evangelium an die Öffentlichkeit. Der Weg, den er geht, lässt ihn als denjenigen in Erscheinung treten, der er ist: Der Sohn Gottes, der schon im Licht des Kindheitsevangeliums als Retter und Erlöser der Menschen in Erscheinung tritt. Sein Weg zeigt auch,

---

62 Vgl. *Georg Geiger,* Der Weg als roter Faden durch Lk-Apg, in: Jozef Verheyden (Hg.), The Unity of Luke-Acts (BEThL 142), Leuven 1999, 663–673.

dass und inwiefern die Pfade Jesu von Anfang an und in stetig sich verdichtender Weise Kreuzweg sind. Lk 9,51 gibt ein Signal: „Als die Zeit herankam, in der er in den Himmel aufgenommen werden sollte, entschloss sich Jesus, nach Jerusalem zu gehen." Jesus überlässt hier nichts dem Zufall. Er weiß, was er tut und wohin er muss: Auf den Leidensweg nach Jerusalem und durch den Tod hindurch zur Auferstehung, die durch den Verweis auf die Himmel-Fahrt wiederum als ein dynamischer Prozess gedacht wird.

Der Weg Jesu verwirklicht die Ankunft Gottes unter den Menschen. Wohin er kommt, realisiert sich die Nähe der angebrochenen Gottesherrschaft, für die er steht. Wo Jesus ankommt, öffnet er denen, die ihm folgen, den Weg hinein in die Gemeinschaft mit Gott. Gerade so erschließt sich der Sinn seiner Sendung. Jesus sucht insbesondere diejenigen auf, die weit entfernt von Gott und seiner Herrschaft leben: die Schuldbeladenen, die nicht ein unabwendbares Schicksal, sondern unhinterfragte und falsch ausgelebte Freiheit zu dem machte, was sie sind; die Superreichen, die an ihrer Habgier schon immer zu ersticken drohten, weil sie, wo nötig, bereit sind, ihre Seele zu verkaufen; die zu Unrecht Verdächtigten, deren Lebensraum beschnitten und deren Würde angetastet wurde. Ihnen weist Jesus Wege zum Heil und zum Leben, die sie – wenn auch zaghaft – beschreiten müssen, um den Gott des Lebens und so die Mitte ihrer eigenen Existenz zu finden. Jesus begegnet aber auch denen, die seinen Weg nicht nachvollziehen können, die ihn schneiden, sich ihm entgegenstellen: den Pharisäern und Schriftgelehrten, die die Buchstaben der Schrift genauestens erforscht haben und darüber blind geworden sind für die schwungvolle Handschrift Gottes; den Kritikern aus der Nachbarschaft, die Jesus zwar beneideten, ihm aber vorwarfen, sich aufzuspielen und in seiner Selbstverkündigung jedes gesunde Maß zu verlieren; den Frömmlern, die ihre enttäuschte Weltabgewandtheit als Tugend tarnten und denen so die Ahnung abhandenkommt von den tatsächlichen Herausforderungen gelebten Lebens. Ihnen zeigt Jesus Aus-Wege, indem er sie mit der Wahrheit Gottes konfrontiert und sie immer wieder einlädt, innezuhalten und umzukehren. Das alles deutet sich schon in Betlehem an und wird zum Programm des göttlichen Kindes, in dem sich das Ja Gottes verwirklicht zu allem, was lebt. Jesus geht weit auf seinem Weg, er überschreitet ethnische, soziale und religiöse Grenzen, um im Namen und in der Vollmacht Gottes für einen Neustart zu werben.

Die Apostelgeschichte wird erzählen, wie das Evangelium vom auferweckten Gekreuzigten seinen Weg findet über Jerusalem bis an die Enden der Erde. Die Heilige Stadt ist Dreh- und Angelpunkt der Heilsgeschichte. Von hier aus nehmen christlicher Glaube und christliche Hoffnung universale Dimensionen an. Protagonisten dieser Erzählung sind ohne Zweifel Petrus und – mehr noch – Paulus. Aber es kommen auch die Glaubensweg-Geschichten vieler weniger oder gar nicht prominenter Menschen in den Blick. Sie alle begeben sich auf den Weg der Nachfolge Jesu und laufen auf je eigene Weise in den Spuren des Galiläers. Oft sind es verästelte Wege, manchmal verworrene, bisweilen sogar abgebrochene. Aber es gibt im Leben eines Menschen niemals den *point of no return*, der Aufbrüche im Glauben und in der Begegnung mit dem lebendigen Gott nicht neu ermöglichen würde. Der Glaube, will Lukas wohl sagen, ist keine statische Größe, sondern etwas Dynamisches, um das es stets aufs Neue zu ringen gilt, das Glaubende in Bewegung setzt und zugleich ermöglicht, den „aufrechten Gang" zu wagen. Die Christinnen und Christen des Anfangs werden eines Tages selbst als „Weg" bezeichnet und offenkundig auch wahrgenommen (vgl. Apg 19,9.23; 22,4; 24,14.22; Apg 16,17: „Weg des Heils"; Apg 18,25: „Weg des Herrn"; Apg 18,26: „Weg Gottes"). So wird das Christentum von seinen Ursprüngen her als eine Glaubensgemeinschaft umrissen, die sich nicht einrichten will in dieser Welt, sondern zum Aufbruch bereit bleibt und der kein Weg zu weit ist, der sie zu Gott und von Gott zu den Menschen führt.

Es gibt noch einen weiteren goldenen Faden, den Lukas in sein Evangelium einwebt. Er skizziert den Weg des Gottessohnes Jesus in seiner Rast- und Heimatlosigkeit zugleich als den eines Gastes unter den Menschen.[63] Das Gast-Sein Jesu ist ein historisches Detail des Lebens Jesu und zugleich ein theologisches Programm. Wenn Jesus schon bei der Geburt (Lk 2,7), in seinem Dorf (Lk 4,28 f.), bei den Samaritern (Lk 9,53) und sogar in der Heiligen Stadt Jerusalem keinen Platz findet (vgl. Lk 19,41 ff.), sondern abgelehnt und vertrieben wird, wirft das ein Licht auf die grundsätzliche Fremdheit des Menschensohnes in der Welt. Was er im Unterschied zum Zu-Hause-Sein zu suchen und zu repräsentieren scheint, ist seine bleibende Verwiesenheit auf den Vater (vgl. Lk 2,49) und die daraus resultierende Heimatlosigkeit unter den Menschen, gleichwohl er ihre Nähe sucht und sie mit seiner Gegenwart bereichert. Es bleibt die Gegenwart eines Gastes.

Der Gottesbote von Betlehem verkündete den Hirten auf den Feldern, dass in der Stadt Davids der Retter geboren sei (Lk 2,11). Diese feierliche Proklamation bleibt über das ganze Lukasevangelium hinweg das Vorzeichen, das den Lebens- und Leidensweg Jesu begleitet. Die Rolle des Retters bleibt der

---

63 Vgl. dazu *Gerhard Hotze,* Jesus als Gast. Studien zu einem christologischen Leitmotiv im Lukasevangelium (FzB 111), Würzburg 2007.

Sache nach durch alle Besuche des Gastes Jesus hindurch seine primäre, grundlegende Funktion. Jesus, der Christus und Kyrios, kommt zu den Menschen und bringt ihnen das Leben in Fülle. Besonders deutlich zeigt sich dies in der lukanischen Version der Zöllnergeschichte Lk 19,1–10. Diese doppelte „Such-Erzählung" (Zachäus sucht Jesus, Jesus sucht Zachäus) enthält den Aspekt des heilschaffenden Retters (Lk 19,5.9). In keiner anderen Einkehrerzählung des Lukasevangeliums wird so klar und schön gesagt, was das Wesen der Sendung Jesu ist: Der Gast, der mit einer aus dem Willen Gottes selbst heraus resultierenden Notwendigkeit bei Zachäus zu Gast sein *muss* (Lk 19,5), lässt im eschatologischen Hier und Jetzt das Heil geschehen (Lk 19,9), weil der Menschensohn gekommen ist, das Verlorene zu suchen und zu retten (Lk 19,10).

Jesus war in der Wahrnehmung des Lukasevangeliums zwar kein Flüchtling im eigentlichen Sinn, aber er ist doch rastlos unterwegs und dabei vorangetrieben durch die eschatologische Notwendigkeit seiner Sendung. Sein Auf-dem-Weg-Sein ist kein Zufall, sondern Programm. Jesus wird verfolgt, aber er geht seinen Weg bis ans Kreuz. Nur so verwirklicht sich das Leben in Fülle, für das er steht (vgl. Lk 20,9–19). Dieser Weg Jesu spiegelt sich dann nach Lukas auch im Weg der Kirche: Die Apostelgeschichte notiert, dass die Jerusalemer Urgemeinde nach schwerer Verfolgung die Stadt verlassen muss und in alle Himmelsrichtungen flieht (Apg 8,1 f.). Stephanus steht stellvertretend für die vielen Opfer von religiöser Intoleranz, Hass und Gewalt (Apg 7,54 ff.). Es ist ausdrücklich von Mord die Rede (Apg 8,1a). Später werden es Petrus und Paulus, die führenden Repräsentanten des Frühchristentums, sein, die um ihr Leben bangen und kurzerhand fliehen müssen (vgl. Apg 9,23 ff.; 12,6–19; 23,12 ff.). Nachfolge umfasst immer auch Kreuzesnachfolge und Christusgemeinschaft meint im-

mer auch Schicksalsgemeinschaft. Lukas zeichnet diese Lini-
en nach – weil sie historisch sind, und mehr noch, weil sie
programmatisch sind. Im Licht des lukanischen Doppelwerks
erscheint das Phänomen Flucht so als ein Schicksal, das
menschliches Leben – aus der Perspektive der Empathie heraus – in all seiner Bedrohung und Angefochtenheit zeigt, aber
zugleich – aus einer streng theologischen Warte heraus – zu
einem unschätzbaren Gewinn wird.

DER MESSIAS AUF DER FLUCHT
– DAS MATTHÄUSEVANGELIUM

Thomas Söding

Matthäus spannt die Geschichte der Geburt Jesu in einen breiten Rahmen ein. Er beginnt sein Evangelium mit einem langen Stammbaum Jesu, der in dreimal vierzehn Generationen von Abraham zum Höhepunkt David und über den Tiefpunkt des babylonischen Exils zu Jesus führt (Mt 1,2–17) – und in der Logik der Genealogie, die damals männlich bestimmt war („… zeugte … zeugte … zeugte …"), doch nicht aufgeht, sondern an der entscheidenden Stelle den Heiligen Geist ins Spiel bringt, ohne den Jesus nicht als der „Immanuel", der „Gott mit uns", geboren worden wäre (Mt 1,18–23). Matthäus weitet danach den Blick in den (für ihn) fernen Osten, aus dem die Magier kommen, die den Stern gesehen haben, um den „neugeborenen König der Juden" zu verehren, den sie schließlich – mithilfe der Schriftgelehrten von Jerusalem – in Betlehem finden (Mt 2,1–12).

Danach beginnt ein Dreiklang von Szenen, die den Blick nach Westen richten, nach Ägypten. Die Fluchtgeschichte ist die erste:

¹³*Als sie aber das Land verlassen hatten, siehe, erschien ein Engel des Herrn im Traum Josef und sagte: „Steh auf, nimm das Kind und seine Mutter und flieh nach Ägypten und bleibe dort, bis ich es dir sage; denn Herodes wird das Kind zu töten suchen." ¹⁴Da stand er auf und nahm das Kind und seine Mutter nachts und verließ das Land nach Ägypten. ¹⁵Und er war dort bis zum Ende des Herodes, damit erfüllt werde, was gesprochen wurde durch den Propheten, der sagt (Hos 11,1): „Aus Ägypten habe ich meinen Sohn gerufen"* (Mt 2,13 ff.).

Zum Dreiklang gehören noch der fürchterliche Kindermord zu Betlehem (Mt 2,16 ff.), der die Passionsgeschichte Jesu spiegelt, und die Rückkehr aus Ägypten mit der Umsiedlung nach Nazaret (Mt 2,19–23), in der sich die Ostergeschichte andeutet (Mt 28,16–20).

Das gefährdete und gerettete Königskind

Zu der spektakulären und tragischen Rettungsgeschichte gibt es zahlreiche Parallelen (auch) in der Antike. Es ist ein festes Merkmal antiker Biografien: Der kindliche oder jugendliche Held wird aufs Schwerste bedroht, entkommt aber dank göttlicher Hilfe der größten Not und kann dann seinen Weg antreten.[64] Aus dieser Motivkette folgt noch nicht der legendarische Charakter von Mt 2, aber die intensive literarische Gestaltung durch den Evangelisten.

Für Matthäus ist der Bezug zu Mose am wichtigsten. Der Evangelist entwickelt eine typologische Christologie: Mose ist der Anti-Typ Christi, nicht als Gegensatz, sondern als Vor-Bild, das schon auf das Original hindeutet, den Urtyp Christus, der

---

64 Eine umfangreiche Liste erstellt *Ulrich Luz*, Mt I 126 (Tabelle).

Lehrer und Prophet ist wie Mose, aber als Gottessohn und Erlöser nicht so wie Mose. Die Erzählung aus Ex 1–2 wird vom zeitgenössischen Geschichtsschreiber Josephus[65] wie von einem anonymen Historiker, der mit dem jüdischen Philosophen Philo identifiziert worden ist[66], nacherzählt; sie findet auch in der jüngeren rabbinischen Literatur ein starkes Echo.[67] Die Rettungsgeschichte beweist die göttliche Fügung in menschlicher Not und Gefahr. Sie spiegelt die heilsgeschichtliche Bedeutung des geretteten Kindes, mit dem Gott noch viel vorhat, zum Besten des Volkes. Allerdings ist der Kontrast unübersehbar: Mose flieht – nach seinem Mord – aus Ägypten (Ex 2,11–14.15–22) und kehrt aufgrund seiner Berufung wieder nach Ägypten zurück, um Israel aus dem Sklavenhaus zu befreien (Ex 4,19 f.), während Jesus in Ägypten vor einem mörderischen König der Juden gerettet wird, um in Israel zu wirken, von wo aus die Jünger nach Ostern in alle Welt zur Mission aufbrechen sollen (Mt 28,16–20).

Josef ist derjenige, der für Jesus und seine Mutter Maria sorgt. Der Engel, der ihm im Traum erscheint (Mt 2,13), weiß von den Mordplänen des Herodes, die Josef von sich aus nicht kennen kann, die Leserinnen und Leser aber durch den (bes-

---

65 *Antiquitates Judaicae* 2. Griechisches Original: *Bernhard Niese*, Flavius Josephus, Opera I-VII, Berlin ²1955. Deutsche Übersetzung: *Heinrich Clementz*, Des Flavius Josephus Jüdische Altertümer, Nachdruck Darmstadt 1960.

66 *Liber Antiquitatum Biblicarum* IX 10–16. Ausgabe: *Guido Kisch*, Pseudo-Philo's Liber Antiquitatum Biblicarum, Notre Dame 1949. Deutsche Übersetzung und Einführung: *Christian Dietzfelbinger*, Pseudo-Philo, Antiquitates biblicae / Liber Antiquitarum Biblicarum (Jüdische Schriften aus hellenistisch-römischer Zeit II/2), Gütersloh 1975.

67 Beispiele liefern der Targum sowie die Mekhilta zu Exodus sowie Exodus Rabba, jeweils zu den biblischen Stellen. Vgl. *Günter Stemberger* (Hg.), Mekhilta de-Rabbi Jishma'el. Ein früher Midrasch zum Buch Exodus, Berlin 2010.

tens informierten) Evangelisten bereits erfahren haben. Josef erfüllt die ihm übertragene Aufgabe des Adoptivvaters, indem er genau das tut, was der Engel ihm gesagt hat, ohne zu zögern oder zu fragen. Durch seine Tatkraft rettet er das Kind. Die Vaterrolle ist traditionell beschrieben – aber zum Glück für Jesus und seine Mutter hat Josef seine Rolle angenommen. So wie die antiken Verhältnisse sind, konnte er nur als Mann und Vater die Familie retten. So grausam, wie Herodes ist, konnte nur die Flucht helfen. So gerecht, wie Josef ist, reicht ein Wort mit Engelszungen, das er im Traum hört, um ihn zum Handeln zu bewegen.

Gefährliche Wanderungen

Das Zentrum der weihnachtlichen Weltkarte ist Israel. Von dort, genauer: von Galiläa aus, sollen die Jünger dem Osterevangelium gemäß zur Weltmission aufbrechen (Mt 28,16–20). Damit bewahrheiten sie die theologische Mission Israels, die mit der Berufung Abrahams begründet ist, in seinem Nachkommen ein Segen für „alle Völker" zu werden (Gen 12,3). Die Jünger gehen auf dem Weg der Völkermission in die Räume, die Gott nach der Kindheitsgeschichte von Anfang an aufgeschlossen hat.

Die Fluchtgeschichte (Mt 2,13–15) ist ein Vorzeichen der Missionsgeschichte, die im Matthäusevangelium angebahnt, aber nicht mehr erzählt wird. Sie ist besonders brisant. Sie liegt in der Dialektik von Flucht und Herkunft, die sich theologisch auflöst, weil Herkunft nicht zu fesseln und Flucht nicht zu entfremden braucht. Der Aufbruch, der Exodus, ist das Wesen des Glaubens – auf dem Weg ins Reich Gottes, den Jesus dadurch gebahnt hat, dass er ihn selbst gegangen ist. Die Fremde ist für Jesus heimisch geworden, weil die Heimat durch einen Despoten fremd geworden war. Ägypten hat in der matthäischen Kindheitsgeschichte dem Messias etwas zu geben: Sicherheit vor dem mörderischen Herodes. Der Theologie der Alten Kirche zufolge hat er mehrere Jahre in Ägypten gelebt, eine entscheidende Phase seiner Kindheit.

Für die historisch-kritische Exegese ist die Geschichte eine Legende.[68] Im Matthäusevangelium gehört sie jedoch zum „Buch der Geschichte Jesu Christi, des Sohnes Davids, des Sohnes Abrahams" (Mt 1,1). Auf eine politisch extrem wichtige Art ist sie die „Legende", die Entstehungsgeschichte der orientalischen Christenheit, insbesondere der Kopten[69]. Inmitten sozialer Diskriminierung, kultureller Bedrohung und politischer Duldung erzählt sie vom Ursprung, der den Christinnen und Christen ihr Existenzrecht am Nil und im gesamten Orient sichert, ihr Heimatrecht und ihre Religionsfreiheit, ihre Bewegungsmöglichkeiten und ihre internationalen Verbindungen. Gleichzeitig erlaubt es ihnen die matthäische Weihnachtsgeschichte, die Ägypter nicht als Feinde, sondern als Nachbarn zu sehen, die der Familie Jesu Heimat gegeben haben; sie verwurzeln ihre Christologie in der Heilsgeschichte nicht nur Israels, sondern auch der Völker.

Ägypten ist für das Evangelium kein Territorium, das es zu unterwerfen, sondern eine Pflanzstätte, die es zu pflegen gilt. Das Evangelium, das aus Israel stammt, ist für die Ägypter (und für alle, die in der Fremde leben) nie ein fremdes Kauderwelsch, sondern immer ein Wort in der eigenen Sprache gewesen, weil

---

68 Ein Klassiker ist *Raymond E. Brown,* The Birth of the Messiah. A Commentary on the Infancy Narratives I–II (AncB), New York 1999 (zuerst 1972).

69 Vgl. *Emma Brunner-Traut* (Hg.), Die Kopten. Leben und Lehre der frühen Christen in Ägypten, Freiburg i. Br. 2000; weiter: *Christine Chaillot,* Les coptes d'Égypte. Discriminations et persécutions (1970–2011), Paris 2013.

Jesus, wie das Gottesvolk, in Ägypten gelebt hat. Für die Juden (zu denen Matthäus sich selbst ebenso wie Jesus zählt) ist das Evangelium immer ein Wort, das von Israel aus die Grenze nach Ägypten und in die ganze Welt überschreitet, weil es von weit her kommt und überall ganz nahe geht.

Die Katastrophe des Kindermordes

Während Jesus gerettet wird, müssen die kleinen Knaben in Betlehem sterben:

> [16]*Als Herodes sah, dass er von den Weisen getäuscht worden war, wurde er sehr zornig und sandte, alle Jungen von zwei Jahren und darunter in Betlehem und dem ganzen Umland zu töten, gemäß der Zeit, die von den Weisen genannt worden war.* [17]*Da wurde erfüllt, was gesprochen worden ist durch den Propheten Jeremia, der spricht (Jer 31,15):* [18]*„Eine Stimme in Rama wurde gehört, lautes Weinen und Klagen, Rachel weint um ihre Kinder und will sich nicht trösten lassen, denn sie sind nicht mehr" (Mt 2,16 ff.).*

Die Geschichte lässt das Blut in den Adern gefrieren. Im Kalender der katholischen Kirche folgt bald auf Weihnachten das Fest der unschuldigen Kinder, das die Erinnerung an diesen Horror festhält. Der Kindermord von Betlehem (Mt 2,16 ff.) ist die Schattenseite der Flucht Jesu aus Todesgefahr. Er spricht für die Brutalität des Herodes, die nach Mt 2,1–12 von langer Hand geplant gewesen ist, ruft aber auch das Trauma Israels, das Babylonische Exil, wach. Es stellt das unsägliche Leid der Opfer vor Augen, insbesondere das der unschuldigen Kinder, um die ihre Mütter untröstlich weinen; es wagt aber in der tiefsten Finsternis den Blick auf einen möglichen Neuanfang durch Gott, den Jeremia mit der Verheißung des Neuen Bundes anschließt (Jer 31,15–22.31–34).

Genau diese Dialektik kennzeichnet die gesamte Geschichte Jesu. Weihnachts- und Passionsgeschichte werden vernetzt. Die Historizität der Szene[70] ist fraglich, weil eine weitere Quelle fehlt; der jüdische Historiker Josephus, der den brutalen Skandal kaum hätte übergehen dürfen, schweigt; bei Matthäus ist der Kindermord vom Besuch der Weisen abhängig, dessen Historizität von der kritischen Forschung gleichfalls mit einem Fragezeichen versehen wird. Gegen diese Skepsis wird von den Verteidigern der Historizität zweierlei entgegengehalten: Erstens passe der Mord ins Bild der grausamen Herrschaft, die Herodes ausgeübt habe[71]; zweitens sei das Geschehen zwar für die Christen extrem wichtig, in seinem historischen Ausmaß jedoch so gering gewesen, dass es leicht unter dem Radarschirm der antiken Historiografie hindurchgetaucht sein könnte.

Bei Matthäus baut die Erzählung vom Kindermord des Herodes den Kontrast zwischen dem falschen und dem wahren König von Israel auf. Der eine hat die Macht, der andere das Recht. Der eine vergießt das Blut unschuldiger Kinder; der andere wird gerettet, bis er, unschuldig, am Kreuz sein Blut vergießen wird. Der Mord an den Kindern soll dem König unliebsame Konkurrenten aus dem Weg schaffen und gleichzeitig zeigen, wie Herodes äußerst brutal bei der Sicherung seiner Herrschaft vorgegangen ist. Viele Potentaten haben es damals getan und tun es bis heute. Die Welt wird dadurch nur noch tiefer verwundet. Der Tyrann Herodes schafft schreiendes Unrecht. Josef konnte lediglich seine Familie retten; dass die unschuldigen Kinder starben, hat nicht er, sondern Herodes

---

70 Vgl. *Jan Willem van Henten*, Matthew 2:16 and Josephus' portrayals of Herod, in: Rieuwerd Buttenwerk (Hg.), Jesus, Paul, and Early Christianity. FS Henk Jan de Jonge (NT.S 130), Leiden 2008, 102–122.
71 So auch *Abraham Schalit*, König Herodes, Berlin 1969, 648 f., Anm. 11.

zu verantworten. Aber das erschütternde Drama zeigt für Matthäus an, wie dringend notwendig der Heilsdienst des messianischen Retters ist. Dass Jesus von Kindheit an aus Todesgefahr gerettet wird, ist ein erster Verweis auf die Auferstehung, die allerdings den realen Tod am Kreuz voraussetzt. Herodes ist die Anti-Figur der matthäischen Kindheitsgeschichte. Das negative Image des Herodes passt zu der sehr kritischen Beurteilung, zu der Josephus in seinen Geschichtswerken *De bello Judaico* und *Antiquitates Judaicae* findet.[72] Das Kriegsbuch (das ein Anti-Kriegsbuch ist) schreibt – ungefähr zur selben Zeit wie das Matthäusevangelium – die katastrophale Geschichte des jüdischen Aufstandes, der zur Zerstörung Jerusalems führt, das zweite Buch erzählt die ganze Geschichte von Adam und Eva bis in die damalige Gegenwart, um Römern deutlich zu machen, wer die Juden sind: keine geborenen Terroristen, sondern ein altes Kulturvolk, das oft schlecht regiert wird, so auch von Herodes (den die Römer haben machen lassen).

Bei Matthäus passt der Mord ins Bild. In der Magier-Geschichte hat er alles sorgfältig vorbereitet (Mt 2,1–12): Denn Herodes befällt eine Heidenangst, als er vom neuen König der Juden hört; er ist kein Jude und weiß deshalb nicht, wo der Messias geboren wird, sondern muss die Schriftgelehrten und Priester befragen; er will die Weisen aus dem Morgenland instrumentalisieren (was ihm aber misslingt); er wird nicht mehr lange leben (Mt 2,19). Der Kindermord ist seine letzte Untat, von

---

72 Vgl. *Linda-Marie Günther*, König Herodes in der jüngeren historischen Forschung, in: Th. Söding (Hg.), Zu Bethlehem geboren? Das Jesus-Buch Benedikts XVI. und die Wissenschaft (Theologie kontrovers), Freiburg i. Br. 2013, 79–88. (Die Autorin bezweifelt allerdings die Historizität der Kindermord-Episode.)

der die Rede ist. Eine anti-imperialistische Interpretation der Geschichte greift zu kurz, auch wenn Herodes ein König von Roms Gnaden gewesen ist. Matthäus lässt die schlimmen Umstände der Geburt Jesu plastisch werden, im Wissen um seine Passion. Er lässt die politische Brisanz Jesu entdecken, der außerhalb jeder Konkurrenz zu Figuren wie Herodes (oder Augustus) steht, weil er ganz auf der Seite Gottes steht, der mit ihm auf der Seite der Menschen steht.

Das Gewicht der kurzen Erzählung liegt auf dem Zitat aus der Heiligen Schrift. Es reflektiert das erzählte Geschehen. Die Einleitung des Schriftwortes entspricht nicht dem Schema. Sonst bevorzugt Matthäus ein „damit". Er redet gerne von der „Erfüllung" des Willens Gottes. Das passt hier nicht. Der Kindermord entspricht nicht dem Willen Gottes, sondern widerspricht ihm. Er hat keinen Sinn; er zerstört nur unschuldiges Leben. Aber die Katastrophe steht im Blick Gottes – und wird deshalb nicht das Letzte, sondern nur das Vorletzte sein.

Das Schriftzitat gibt dem Entsetzensschrei der Mütter Raum, die nicht wissen, wohin mit ihrer Trauer. Das Prophetenwort scheint nicht ganz zur Geschichte zu passen, weil „Rama" nördlich von Jerusalem liegt, anders als das südlich von Jerusalem gelegene Betlehem, wo Rachel nach Gen 35,19 und 48,7 – im Gegensatz zu 1 Sam 10,2 – begraben worden sein soll (vgl. Jubiläenbuch 32,34). Die Spannung löst sich, wenn die Unsicherheiten antiker Geographie eingerechnet werden und erkannt wird, dass die Klage, die beim Propheten Jeremia steht, als Beispiel dient.

Beim Propheten Jeremia gehört der Vers zu einer Komposition, die tiefstes Leid mit höchstem Glück verbindet. Die „Trostrolle" (Jer 30–31)[73] setzt beim Unglück des Krieges (und

---

73 Vgl. *Georg Fischer*, Jeremia 26–52 (HTHKAT), Freiburg i. Br. 2005, 140–184.

des Exils) an, das aber durch Gottes Eingriff und wider alle menschliche Erwartung doch noch eine Wende zum Guten nimmt. Rachel, die Lieblingsfrau Jakobs, wird zur Symbolgestalt Israels. Sie ist ob des Leids ihrer Kinder untröstlich – und wird doch getröstet werden, sodass ihr Weinen und Klagen ein Ende nehmen kann (V. 16).

Matthäus konzentriert sich auf die Klage; die Wende zur Freude bleibt im Hintergrund. Dadurch verschafft er dem Leid der unschuldigen Kinder Raum – mitten im Evangelium. Die Jesusgeschichte gibt der Trauer ihren Platz. Joseph Ratzinger / Benedikt XVI. hat dieses Charakteristikum erkannt:

> Die Mutter ist immer noch nicht getröstet. So steht das Prophetenwort, die Klage der Mutter, ohne die Antwort des Trostes bei Matthäus wie ein Schrei zu Gott selbst, wie ein Ruf um den Trost, der nicht gegeben wurde und immer noch aussteht – ein Ruf, auf den in der Tat nur Gott selbst antworten kann. Denn der einzig wahre Trost, der mehr ist als Rede, wäre die Auferstehung, das bittere ‚Sie sind dahin' aufgehoben. In unserer Zeit der Geschichte bleibt der Schrei der Mütter an Gott stehen. Doch zugleich stärkt uns die Auferstehung Jesu in der Hoffnung auf den wahren Trost.[74]

Matthäus gibt der Theodizeefrage ihr Gewicht: Wie kann Gott unschuldiges Leid zulassen? Er wirft sie aber nicht in der modernen Version auf, die Gottes Existenz – oder Attribute – zur Disposition stellt, sondern in der antiken Variante, die das Leiden an Gott in der Klage vor Gott zum Ausdruck bringt – wie Jesus es am Kreuz tun wird (Mt 27,46 par. Mk 15,34; Ps 22,2).

---

74 Vgl. *Joseph Ratzinger / Benedikt XVI.*, Jesus von Nazareth. Prolog 121.

Jesus, der Nazoräer

Josef bleibt bei Matthäus im Hintergrund. Dort ist er richtig, weil er weder der Sohn Gottes noch die Mutter des Messias ist; dort ist er aber auch aktiv. Durch seine Gerechtigkeit ist er der entscheidende Faktor dafür, dass Gott seinen Plan verwirklicht, Jesus zu retten – und dadurch das Volk, das mit den Heiden zusammen das Reich Gottes vor sich und in seiner Mitte wissen darf. Die Flucht ist das eine, die sorgfältig geplante Rückkehr das andere. Wieder erscheint ihm ein Engel im Traum (Mt 2,19 f.), dem er Gehorsam leistet: zurück „nach Israel" lautet die Direktive. Allerdings wird nicht das vertraute Betlehem zur Wohnstätte, wo laut Matthäus seine Familie ansässig war, sondern der Norden Israels:

> [19]*Als aber Herodes am Ende war, siehe, da erschien ein Engel des Herrn im Traum Josef in Ägypten* [20]*und sagte: „Steh auf, nimm das Kind und seine Mutter und geh in das Land Israel. Denn gestorben sind, die dem Kind nach dem Leben trachteten."* [21]*Da stand er auf, nahm das Kind und seine Mutter und ging in das Land Israel.* [22]*Da er aber hörte, dass Archelaos statt seines Vaters Herodes König von Judäa sei, fürchtete er sich, dorthin zu gehen. Und weil er im Traum eine Weisung erhalten hatte, ging er ins Land Galiläa* [23]*und kam, sich in der Stadt Nazaret niederzulassen, sodass erfüllt wurde, was durch die Propheten gesagt worden war (Ri 13,5.7 [?]): „Er wird Nazoräer genannt werden"* (Mt 2,19–23).

So erklärt es sich, dass Jesus „von Nazaret" heißt. Geboren in Betlehem, aufgewachsen einige Jahre in Ägypten, gelangt er durch Gottes Fügung und seines Ziehvaters Verantwortung an einen unmöglichen Ort, der nirgends im Alten Testament erwähnt ist, um dort, an der Peripherie, seine zentrale Mission zu starten. Bei Johannes fragt der kluge Nathanaël:

„Was kann aus Nazaret schon Gutes kommen?" (Joh 1,46).

Er weiß gar nicht, wie recht er mit seiner Skepsis hat – wenn die Betlehem-Tradition, was strittig ist, auch für Johannes vorausgesetzt werden darf.

Matthäus leugnet „Nazaret" nicht, sondern verbindet den Ort biografisch durch die Fluchtgeschichte mit Betlehem. Er reflektiert das Geschehen, das Nazaret in den Blick rückt, mit einem Schriftwort, für das es nirgends im Alten Testament einen klaren Beleg gibt: dass Jesus „Nazoräer" genannt werden wird (Mt 2,23). Es gibt Anklänge an die Verheißung der Geburt Simsons, des „Nasiräers" (Ri 13,5–7; vgl. 16,17), einer der schillerndsten Gestalten des Alten Testaments, eines „Richters", eines charismatischen Heerführers, dessen tragisch schöner, mehrfach verfilmter Liebesgeschichte der französische Komponist Camille Saint-Saëns in seiner Oper „Samson und Delila", 1877 in Weimar uraufgeführt, ein musikalisches Denkmal gesetzt hat. Aber ein klares Reflexionszitat ist dieser Bezug nicht. Er ist offener.

Sicher ist dem Evangelisten die phonetische Nähe zu „Nazaret" lieb; vielleicht hat Matthäus auch den „Spross" (hebr.: *neser*) von Jes 11,1 im Sinn. Wenn im Text aber „Nazoräer" steht, wird er eine Linie verfolgen, die mit der Kirche zu tun hat. Denn nach Apg 24,5 werden die Christen von jüdischer Seite als „Sekte der Nazoräer" gebrandmarkt. Diese Bezeichnung war in Syrien, der vermutlichen Heimat des Matthäus, geläufig (vgl. Irenäus, adv. haer. 29,6,1). 2014 hat sie eine gespenstische Aktualität erfahren. Mit einem arabischen N, das an genau dieses „Nazoräer" erinnert, haben ISIS-Kämpfer die Türen christlicher Häuser in Mossul markiert, einer Stadt im Norden Iraks. Alle Christen, die dort lebten, wurden vertrieben. Die Fluchtgeschichten gehen weiter – und Jesus ist mit ihnen unterwegs.

„Nazoräer" sind vom hebräischen *nasar* abgeleitet Observanten, besonders treue Anhänger Jesu. Insofern entsteht eine Verbindung zwischen dem Nazoräer und den Nazoräern, so wie man sprachlich auch „Christus" und die „Christen" verbindet. Nazaret ist für Matthäus, so betrachtet, die Wurzel nicht nur Jesu, sondern auch seiner Nachfolger – weil Jesus aus Ägypten dank des göttlichen Heilsratschlusses und der väterlichen Sorge Josefs dorthin gelangt ist, wo er, jenseits des bösen Herodes und seines fatalen Einflusses, in Ruhe aufwachsen kann, um dann in die Öffentlichkeit zu treten. Charles de Foucauld (1858–1916), der französische Forscher und Mönch, hat dieses Nazaret, den Ort einer tiefen Verborgenheit Jesu, den Fluchtpunkt des Messias, zum Mittelpunkt seines Lebens und zum Ausgangspunkt seiner Mission gemacht, die vollkommen in der Teilhabe am Leben der Menschen in der Sahara aufging. Damit hat er die matthäische Linie einer Verbindung zwischen Israel und Ägypten, Juden und Arabern weitergezogen – als Christ, als Nachfolger Jesu.[75]

Die Flucht nach Ägypten steht von vornherein in der Perspektive der Rückkehr nach Israel: Schon im Auftragswort des Engels an Josef, mit dem Kind und seiner Mutter aufzubrechen, wird eine Frist für den Aufenthalt in Ägypten gesetzt:

> „… bleibe dort, bis ich es dir sage; denn Herodes wird das Kind zu töten suchen" (Mt 2,13).

Das Problem ist nicht das Land Israel, sondern der König Herodes.[76] Der Vers nimmt das Ende der Flucht vorweg, weil

---

75 Vgl. *Jean-François Six*, Charles de Foucauld: Mit Leidenschaft und Entschlossenheit, München 2008.
76 Zum Image und zur Politik des Herodes vgl. *Linda-Marie Günther*, Herodes der Große, Darmstadt ²2012 (2005).

das Ende des Herodes (4 v. Chr.) bereits im Blick steht: Kein Mörder lebt ewig (vgl. Mt 2,19: „Als aber Herodes am Ende war, …"). Der Weg nach Ägypten ist keine Auswanderung, die eine neue Heimat sucht, sondern eine Flucht, die einer heilen Rückkehr dient und Israel wie Ägypten zugutekommen soll. Aber die Flucht hat ihren eigenen theologischen Stellenwert. Ägypten misst den Horizont des Messias aus: So wie die Magier aus dem Osten kommen, das Kind und seine Mutter zu verehren (Mt 2,1–12), so wird der Westen zum Wohnort der Familie, damit das Kind nicht getötet wird, sondern seinen Heilsdienst antreten kann. Der Bogen ist weit gespannt; Jesus geht alle Welt an.

Der Gottessohn aus Ägypten

Matthäus hat den Gottessohn, der „Nazoräer" genannt werden wird, als Gottessohn aus Ägypten gezeichnet. Die Feder hat ihm der Prophet Hosea geführt. Denn die Flucht nach Ägypten und der Aufenthalt dort, die auf die Rückkehr nach Israel zielen und dann zur Ansiedlung in Nazaret führen, hat der Evangelist mithilfe von Hos 11,1 reflektiert (Mt 2,16). Mit dem Ruf seines Sohnes aus Ägypten beginnt beim Propheten ein theologisches Gedicht, das die ganze Geschichte Israels erfasst.

> „[1]*Als Israel jung war, gewann ich ihn lieb,*
> *ich rief meinen Sohn aus Ägypten.*
>
> [2] *Je mehr ich sie rief, desto mehr liefen sie von mir weg.*
> *Sie opferten den Baalen,*
> *und brachten den Götterbildern Rauchopfer dar. …*
>
> [5]*Doch er muss wieder zurück nach Ägypten, …*
>
> [8]*Wie könnte ich dich preisgeben, Efraim, wie dich aufgeben, Israel? …*
>
> *Mein Herz wendet sich gegen mich, mein Mitleid lodert auf. …*

[11] Wie Vögel kommen sie zitternd herbei aus Ägypten …
Ich lasse sie heimkehren in ihre Häuser" – Spruch des Herrn.

(Hos 11,1–11)

Durch den Propheten redet das Ich Gottes. Es redet von einem
Standpunkt in Israel aus. Er hat von dort aus nach Ägypten
hineingerufen, um den Sohn Gottes von dort her zurück nach
Israel zu holen. Nur der hebräische Text hat den Singular, den
auch Matthäus verwendet, während die Septuaginta, die griechische Bibelübersetzung der Juden in der Antike, den Plural
(„Söhne") hat. Matthäus, der sonst die Septuaginta zitiert,
folgt hier dem hebräischen Original. Für ihn hat der Singular
eine christologische und ekklesiologische Pointe: Jesus repräsentiert Israel, das Volk Gottes; Israel ist Gottes Sohn – nach
Matthäus in, mit und durch Jesus.

Im Kontext des Hoseabuches ist Kapitel 11 ein großes Bekenntnis Gottes: Er gesteht seine Liebe zu Israel, die seinen Zorn
überwindet. Der Text ist ungeheuerlich, weil er von einer Reue
Gottes spricht[77], der allen Grund hat, zornig auf das untreue
Israel, sein Kind, zu sein, und diesen heiligen Zorn auch walten lässt, ihn aber überwindet – weil Israel sein Kind ist und
er, Gott, sein Vater (oder seine Mutter[78]). Hos 11 ist eine prophetische Geschichtstheologie, die von der Spannung zwischen der Treue Gottes und der Untreue des Volkes lebt. Vers
1, den Matthäus zitiert, spricht von der jungen Liebe Gottes zu
seinem Volk, das ihn aber verraten wird (Hos 11,2–4). Gott
reagiert voller Zorn mit einer Revision des Exodus (Hos 11,5 ff.).
Allerdings ist Gottes Liebe stärker als sein Zorn, sodass er ihn

---

77 Vgl. *Jörg Jeremias*, Die Reue Gottes. Aspekte alttestamentlicher Gottes-
vorstellung (BThSt 31), Neukirchen-Vluyn 1997.
78 Vgl. *Marie-Theres Wacker*, Figurationen des Weiblichen im Hosea-Buch
(HBS 8), Freiburg i. Br. 1996.

bereut und überwindet (Hos 11,8 f.). Deshalb kommt es für Israel zur zweiten Rückkehr aus Ägypten (Hos 11,10 f.). Ägypten ist die fremde Heimat Israels. Gott hat sein Kind aus diesem Land nach Israel, ins Land der Verheißung, gerufen; doch das geliebte Kind hat alles Mögliche im Sinn, nur nicht die Liebe zum Einen und Einzigen. So brennt heiliger Zorn, der das Kind aus der Heimat, die es verspielt, wieder zurück ins Exil schickt – bis sich Gott selbst überwindet und sein Volk neu in seine Gemeinschaft ruft. Ägypten ist dadurch als Fremde ins Eigene integriert; das Exil wird in die Heimat mitgebracht. Israel ist und bleibt das Gotteskind, das aus Ägypten herbeigerufen wird. Jesus ist nach dem Matthäusevangelium nicht *ein*, er ist *das* Kind Israels, das sich mit Gottes Volk identifiziert, um es aus dem Exil, wo immer es lebt, ins Reich Gottes zu führen. Joseph Ratzinger / Benedikt XVI. hat diesen Zusammenhang heilsgeschichtlich aufgenommen:

> Mit der Flucht nach Ägypten und mit seiner Heimkehr ins Gelobte Land schenkt Jesus den endgültigen Exodus.[79]

Diese Liebesgeschichte konzentriert Matthäus auf Jesus. Er verkörpert das Volk, aus dem er stammt (vgl. Mt 1,2–17). Er verwirklicht die Gottessohnschaft Israels, das er von seiner Schuld erlöst (Mt 1,18–25). Er steht unter der Drohung tödlicher Gewalt – und wird gerettet, damit er sein Volk und die Völker rettet (wozu er wieder nach Israel zurückkehren muss). In Jesus erneuert Gott seine erste Liebe zu Israel – ohne dass Ägypten wieder zum Straf- und Verbannungsort zu werden braucht.

---

79 *Joseph Ratzinger / Benedikt XVI.*, Jesus von Nazareth. Prolog: Die Kindheitsgeschichten, Freiburg i. Br. 2012, 119.

Matthäus hat den Sinn für diese Zusammenhänge. Das Reflexionszitat Hos 11,1 markiert die theologisch zentrale Israelperspektive in einem universalen Kontext. Der Prophet hat die Vision eines zweiten Exodus; nach Matthäus trägt Jesus schon als Säugling die Folgen der mörderischen Sünde, die eigentlich Herodes mit all seinen Helfershelfern büßen müsste. Seine Flucht mithilfe seiner Eltern ist die Voraussetzung sowohl seines Überlebens als auch seines späteren Sterbens, das er nicht als „neugeborener", aber als gekreuzigter „König der Juden" erleiden wird.

Jesus wird im Neuen Testament nur in der matthäischen Kindheitsgeschichte direkt mit Ägypten in Verbindung gebracht. Aber in einer Überlieferung aus der Redenquelle, die uraltes Jesusgut aus Palästina aufbewahrt[80], steht die „Königin des Südens" (Mt 12,42 par. Lk 11,31), von der jüdischen wie der christlichen Tradition mit Saba und dem Jemen, aber auch mit Äthiopien und Ägypten verbunden[81], auf der Seite Jesu – so wie sie einst zu Salomo gezogen sei, um seiner Weisheit zu lauschen (1 Kön 10,1–10). Von daher baut sich ein weiter Spannungsbogen auf, der Jesu Verwurzelung in Israel mit der universalen Reichweite seines Wortes verbindet.

Jesus kommt aus Ägypten, weil er der Messias aus Israel ist. Er ist Gottes Sohn, weil er ganz und gar Mensch ist, am An-

---

80 Vgl. Die Spruchquelle Q. Studienausgabe Griechisch – Deutsch. Griechischer Text nach der „Critical Edition of Q", hg. v. Paul Hoffmann und Christoph Heil, Darmstadt 2002, 66.
81 Vgl. La gloire des rois ou l'histoire de Salomon et de la reine de Saba, hg. v. Robert Beylot (Apocryphes 12), Turnhout 2008; dazu *Jürgen Tubach*, Die Königin von Saba. Die Wanderung einer Legende nach Äthiopien und ihre Rezeption, in: Martin Tamcke (Hg.), Blicke gen Osten. Festschrift für Friedrich Heyer zum 95. Geburtstag (Studien zur orientalischen Kirchengeschichte 30), Münster 2004, 275–292.

fang ein hilfloses Kind, das geschützt wird, am Ende ein ohnmächtiger Prophet, der sich opfert. Er ist – immer schon – gerufen, weil er Gott seine Stimme gibt, sein Gesicht, sein Leben. Jesus ist der Ruf Gottes selbst. Er geht heraus aus Ägypten, der zeitweisen Heimat, um hinein nach Israel zu gehen, ins Exil, wohin er gehört. Er ist auf der Flucht, weil er immer auf dem Weg Gottes bleibt. Er wird vertrieben, weil er unverrückbar Gott zur Seite steht. Als Nazoräer verbindet er Orient und Okzident. Er kommt in Ägypten an, weil ihm, dem aus Israel vertriebenen Juden, das Land am Nil zur zweiten Heimat geworden ist. Er ist der Messias Israels als der, den Gott aus Ägypten gerufen hat. Wie Ägypten das Refugium des Messias geworden ist, so kann jedes Land zum Refugium der Christen werden – so groß ist der Hoffnungsraum Israels.

DIE HEILIGE FAMILIE IN DER FREMDE – DIE APOKRYPHEN

Thomas Söding

Die kanonischen Evangelien, die ins Neue Testament aufgenommen worden sind, stehen nicht am Ende, sondern am Anfang der Gattung. Es gibt viele „apokryphe" Evangelien.[82] Sie waren in den seltensten Fällen „verboten", vielmehr meistens sehr populär. Aber sie haben nie die breite Anerkennung gefunden wie die Evangelien nach Matthäus, Markus, Lukas und Johannes. „Apokryph" heißt: „geheim". Was geheimnisvoll ist, galt – und gilt – als besonders wichtig, wenngleich nicht für alle, sondern vielleicht nur für wenige. In der Moderne ist die Esoterik ein vergleichbares Phänomen. Geheimnisvoll heißt: Die überlieferten Geschichten haben mit Gott zu tun; sie berühren Tiefenschichten des Glaubens; sie erweitern den Blick für verborgene Momente der Heilsgeschichte. Dieser Anspruch ist nicht im heutigen Sinn des Wortes als historisch zu verstehen. Tatsächlich tendiert der Quellenwert der meisten Apokryphen gegen null. Aber in der Antike hat man gerade so

---

82 Vgl. *Hans-Joseph Klauck*, Die apokryphe Bibel. Ein anderer Zugang zum frühen Christentum, Tübingen 2008; vgl. *ders.*, Apokryphe Evangelien. Eine Einführung, Stuttgart 2002.

etwas wie eine symbolische Geschichtsschreibung betrieben. Im modernen Wortsinn handelt es sich meist um Legenden – und das sind keine Märchen, sondern einfühlsame Ausgestaltungen eines historischen Geschehens, dessen Kern im Neuen Testament niedergelegt ist.

Besonders eifrig haben die apokryphen Evangelien die Lücken gefüllt, die von den kanonischen Evangelien gelassen worden sind. Das gilt auch für die Kindheit Jesu. Es gibt eine regelrechte Untergattung von apokryphen Kindheitsevangelien.[83] Sie klassifizieren sich nur im Ausnahmefall explizit als „geheim".[84] Sie setzen weniger als andere apokryphe Evangelien auf die Eliten und mehr auf Volkstümlichkeit. Einige erzählen fantastische Wundertaten von Jesus. Viele bringen eine starke Verehrung der Jungfrau Maria zum Ausdruck. Sie erzählen liebend gerne von der Kindheit und Jugend der Gottesmutter, von ihrer Erziehung im Tempel und von der sorgfältigen Vorbereitung auf die einzigartige Rolle, die für sie im Heilsplan Gottes vorgesehen sei. Nicht selten ist von den falschen Anschuldigungen die Rede, dass sie Ehebruch begangen habe. Die Jungfrauengeburt wird hingegen groß gefeiert. Auch Ochs und Esel haben durch die Apokryphen ihren Platz an der Krippe gefunden – wie die gesamte Krippentradition, stark

---

83 Vgl. *Gerhard Schneider*, Evangelia infantiae apocrypha – Apokryphe Kindheitsevangelien (Fontes Christiani 18), Freiburg i. Br. 1995. Eine deutsche Übersetzung bietet: Antike christliche Apokryphen in deutscher Übersetzung. Bd. I: Evangelien und Verwandtes. 2 Teile, begründet v. Edgar Hennecke (1904), hg. v. Christoph Markschies / Jens Schröter, Tübingen ⁷2012, darin besonders: *Silvia Pellegrini*, Kindheitsevangelien II 886–902.
84 Ein Beleg ist der sekundäre Prolog zum Pseudo-Matthäusevangelium; vgl. *Oliver Ehlen*, Das Pseudo-Matthäusevangelium, in: Apokryphen II 983–1002, hier 987. Das Pseudo-Matthäusevangelium wird grob auf das 7. Jh. n. Chr. datiert.

durch Franz von Assisi geprägt, von den apokryphen Evangelien gespeist worden ist.

Auch wenn sie nicht durchweg im Fokus stehen, sind doch an verschiedenen Stellen auch die Diskriminierung der Jungfrau Maria und die beschwerliche Flucht zum Motiv geworden, das in den apokryphen Evangelien breit ausgeführt worden ist.

Die Diskriminierung der Jungfrau

Das älteste und einflussreichste der apokryphen Kindheitsevangelien ist das Protevangelium des Jakobus.[85] Es wird ins 2. Jh. n. Chr. datiert – nicht an den Anfang, aber in die zweite Hälfte. Es konzentriert sich lange auf Marias Biografie, bildet dann aber einen zweiten Schwerpunkt bei der Geburt Jesu in Betlehem. Das große Thema ist die Jungfräulichkeit Marias. Zu den berühmtesten Szenen gehört, dass eine hebräische Hebamme das „Wunder der Natur" untersuchen wollte – und sich dabei die Finger verbrannt hat: Ihre ganze Hand war verdorrt – und Jesus, das Baby, musste sie heilen. Die Episode scheint naiv – und ist doch ziemlich subtil: Eine gynäkologische Feststellung der Jungfräulichkeit verbietet sich; die Geburt Jesu aus der Jungfrau Maria ist nichts, was medizinisch festgestellt oder widerlegt werden könnte. Sie ist ein Geheimnis, das sich durch Hebammenkunst nicht enträtseln lässt.

Josef spielt eine Nebenrolle. Sie ist betont, aber problematisch. Denn Josef kann nicht glauben, dass Maria tatsächlich als Jungfrau ein Kind empfangen hat. Deshalb macht er sich auf dem Weg nach Betlehem, wo er sich und seine Familie eintra-

---

85 Vgl. *Silvia Pellegrini*, Das Protevangelium des Jakobus, in: Apokryphen II 903–929.

gen lassen will, Gedanken, ob er Maria womöglich als seine Tochter ausgeben soll.

Was soll ich mit dem Mädchen tun? Wie soll ich sie registrieren lassen? Als meine Frau? Ich schäme mich. Oder als Tochter? Es wissen aber doch die Söhne Israels, dass sie nicht meine Tochter ist (ProtevJac 7,3).

Seine Überlegungen sind völlig unangemessen. Sie werden vom Gang der Ereignisse überrollt. Als sich die Reisegruppe Betlehem nähert, merkt Maria, dass die Zeit ihrer Niederkunft gekommen ist. Da fällt Josefs Blick in der wüsten Landschaft auf eine Höhle. Nach der gesamten orthodoxen Tradition ist Jesus nicht in einem Stall geboren worden, wie es die römische Anschauung ist, sondern in einer Höhle. Da in der Antike Höhlen oft als Stall verwendet worden sind, kann die Krippe, die bei Lukas erwähnt wird (und nirgends sonst), in die eine und die andere Richtung gedeutet werden; die östliche Tradition setzt auf die archetypische Bedeutung der Höhle, die in der Religionsgeschichte der Menschheit oft mit der Entstehung von etwas Neuem, etwas Wunderbarem und Göttlichem aus der tiefsten Verborgenheit verbunden ist, die westliche hingegen auf das soziale Moment, die Armut, das Elend, die Demut, die sich in der Geschichte Jesu zeigt und in der Geschichte der Kirche zeigen sollte. Nach dem Protevangelium des Jakobus ist die Höhle ein Zufluchtsort in der fremden Heimat Betlehem, ein Schutzraum vor den Verleumdungen der Heiligen Jungfrau – und die Heimat Jesu, der schon vom Mutterleib an der Heiland der Menschen ist, gerade auch der Zweifler.

Nach dem arabischen Kindheitsevangelium[86] ist diese Grotte, die Maria selbst ausgesucht hat, weil sie nicht mehr rechtzeitig vor der Geburt das Dorf Betlehem erreichen würde, eine einzige Lichtquelle. Das arabische Kindheitsevangelium ist vom Protevangelium des Jakobus abhängig, aber keine Kopie, sondern eine eigenständige Fortschreibung. Es lässt sich bis auf das 5. Jh. n. Chr. zurückverfolgen. Es erzählt, wie das Protevangelium, davon, dass Josef eilends eine Hebamme sucht. Aber während dort bei der Geburt Jesu der Lauf der Natur still steht, wird hier die dunkle Höhle zu einer Lichtquelle:

> Als sie die Grotte betraten, siehe, da war sie voller Lichter, heller als Lampen und Leuchter und prächtiger als das Licht der Sonne, und das Kind war in Windeln gewickelt und wurde von seiner Mutter Maria gestillt (arabKEv 3).

Der Lichteffekt spiegelt die Göttlichkeit des Geschehens. Eben deshalb lenkt er den Blick auf eine archetypische Menschlichkeit: Das Kind, in Windeln gewickelt, wird von seiner Mutter gestillt – ein Urbild der Kulturgeschichte verweist auf das Geheimnis der Menschwerdung Gottes. Große Teile der christlichen Weihnachtskunst und der christlichen Weihnachtsfrömmigkeit leben von dieser Verbindung.

Auch das Pseudo-Matthäusevangelium aus dem 7. Jh. n. Chr.[87] beschreibt einen starken Lichteffekt. Es stellt (ähnlich wie das Protevangelium des Jakobus) die Verleumdung vor Augen, die Jungfrau sei eine Ehebrecherin (PsMtEv 12,2–3); es vermittelt aber auch den Eindruck, dass ihr im Volk viele geglaubt haben,

---

86 Vgl. *Maria Josua/Friedmann Eßer,* Das arabische Kindheitsevangelium, in: Apokryphen II 963–982.
87 S. o. Anm 85.

als sie ihre Unschuld beteuert hat (PsMtEv 12,4–5). Hier ist es Josef, der Maria in die Grotte führt. Die marianische Frömmigkeit ist noch gesteigert, weil das Licht jetzt bereits beim Eintritt der Mutter in die Grotte erstrahlt, nicht erst bei der Geburt Jesu.

> Er befahl dem Maultier, stehenzubleiben, und hieß Maria, von ihm herabzusteigen und in eine Grotte zu gehen, in der immer Dunkelheit herrschte, weil sie ganz und gar kein Tageslicht in sich hatte. Aber bei Marias Eintritt begann die ganze Grotte in einem über jedes Maß hinausgehenden Glanz zu erstrahlen und gleich als ob dort die sechste Stunde des Tages sei, so erleuchtete das göttliche Licht diese Grotte. Und dieses Licht schwand weder am Tag noch in der Nacht, während Maria dort ihren Sohn gebar, den bei der Geburt die Engel umgaben und ihn, der nach der Geburt direkt vor ihren Füßen lag, sofort anbeteten und sprachen: „Ehre sei Gott in der Höhe und auf Erden Frieden den Menschen guten Willens" (PsMtEv 13,2).

Die Lichtquelle ist hier, anders als im arabischen Kindheitsevangelium, nicht die Höhle selbst, sondern Gott, der die Grotte, die im tiefsten Dunkel liegt, erstrahlen lässt. Die Engel, die nach dem Lukasevangelium auf dem freien Feld den Hirten Gottes Herrlichkeit offenbaren, sind hier bereits in der Höhle und verehren das Kind, das der Himmel gesandt hat, inmitten der Erde. Während alle bislang genannten Kindheitsevangelien aus dem Osten stammen und die orthodoxe Sicht der Weihnachtsgeschichte erhellen, spiegelt das Evangelium der Arundel-Handschrift den westlichen Blick. Das Manuskript ist nach dem Earl of Arundel benannt, der sie im 17. Jh. aus Spanien erwarb; es liegt in der British Library. Es handelt sich um einen Codex Leonardo da Vincis aus dem 14. Jahrhundert, der kostbare Blätter aus verschiedenen Wissensgebieten (Technik, Mechanik, Geometrie, Geographie, Geschichte, Musik, Religion) sammelt. Nr. 404 ist ein apokryphes Kindheitsevangelium. Der Text ist weitgehend eine Zusammenstellung aus dem Protevangelium des Jakobus und dem Pseudo-Matthäusevangelium. Aber er hat eine eigene Färbung, besonders in der Geburtsgeschichte (§§ 59–86). Maria und Josef ziehen nicht allein nach Jerusalem, sondern werden von Kindern Josefs aus seiner früheren Ehe begleitet (§ 60). Die ganze Familie ist in großer Sorge, dass die Geburt Jesu auch tatsächlich am richtigen Ort, in Betlehem, stattfindet (§§ 63 f.). Stark wird die Vorsorge Josefs betont, der beides will: Sicherheit für Maria und das Kind, aber auch die Geburt des göttlichen Kindes am verheißenen Ort des Messias. Hier kommt der Stall ins Spiel.

> Und als er umherging, sah er einen Stall, der etwas abgesondert war, und sagte: „An diesem Ort muss ich verweilen, da er mir eine Aufnahmestätte für Reisende zu sein scheint. Es gibt nämlich für mich weder eine Herberge noch ein Quartier, wo wir Rast machen könnten." Und er blickte sich in ihm um und sprach: „Bescheiden ist freilich diese Wohnstatt, aber für Arme passend, zumal da sie abgelegen ist vom Lärm der Menschen, sodass er einer Frau, die gebärt, nicht schaden kann" (Arundel-Handschrift § 63).

Die westliche Tradition der Geburt im Stall verbindet sich passend mit dem Motiv der Armut. Auf eine Anklage, dass die Bewohner von Betlehem ihre Türen und Herzen verschlossen hätten, wird verzichtet, obwohl zuvor (§ 62) auch in dieser Handschrift das bei den Apokryphen beliebte Motiv begegnet, Maria habe ein weinendes Volk vor sich gesehen, das der Juden, und ein lachendes, das der Heiden, die sich über den Messias freuen. Die Pointe ist eine andere: Der Stall passt zur

Demut des Gottessohnes. Die Geburt im Stall ist keine Kuriosität oder Panne, sondern die unter den gegebenen Umständen beste Wahl eines Armen für Mutter und Kind (§§ 62 f.). Er gehört zu Betlehem, und zwar zur Peripherie, am Rande des Ortes. Diese Lage hat den Vorteil, dass Maria mehr Ruhe vor den Menschen hat, wenn sie ihr Kind zur Welt bringt. Josef tut im weiteren Verlauf alles für Marias leibliches Wohl (§ 65). Er erklärt seinen Kindern den Zustand der jungen Frau (§ 66) und sorgt für eine Hebamme (§§ 67 ff.). Er bemüht sich um Speis und Trank für die Familie (§§ 81.85) und trifft dabei die Hirten auf dem Feld von Betlehem (§ 82), die ihrerseits die Krippe suchen, von der die Engel gesprochen haben (§§ 82 f.), und Milch und Käse mitbringen.

Merkwürdig gebrochen ist der bekannte Lichteffekt. Denn in der Arundel-Handschrift bezeugt die erste Hebamme, Zachel, dass Maria zuerst „Licht ... geboren" habe (§ 73), das sich erst später mit einem Körper verbunden habe (§ 74). Diese Licht-Geburt (§§ 73 ff.) nimmt zwar die prophetische Lichtmetaphorik auf, die von den alttestamentlichen Bezugsversen aus die Weihnachtsliturgie beeinflusst hat (Jes 9,1: *„Das Volk, das im Dunkel sitzt, sieht ein großes Licht"*) und auf den Text vielfach ausstrahlt (§§ 65.69). Aber die Ausführung ist speziell. Zuerst (§ 73) gebiert Maria Jesus als „Knaben nach Art der Sonne von Glanz" und betet ihn sofort als Gott an, wie dieses Licht-Kind auch sogleich von den himmlischen Mächten gefeiert wird; die Hebamme vermag das Geschehen theologisch zu deuten, indem sie prophetische Heilsvisionen verwirklicht sieht:

> So ist dieses Licht geboren worden, wie der Tau vom Himmel herabkommt auf die Erde (Arundel-Handschrift § 73).

Erst danach ereignet sich die körperliche Geburt. Nach dem Bericht der Hebamme, die als Frau professionelle Kompetenz hat:

> Das Licht zog sich ein wenig in sich selbst zurück und näherte sich der Gestalt eines Kindes an und augenblicklich wurde es zum Kind, wie Kinder geboren zu werden pflegen (Arundel-Handschrift § 74).

Dieses Kind, so die Hebamme, war allerdings federleicht und ganz rein; es lächelte und öffnete die Augen, aus denen ein „heller Blitz" hervortrat.

Religionsgeschichtlich betrachtet, ist eine solche Schilderung nicht überraschend. Sie gehört in den Umkreis des sog. „Doketismus", einer in der Antike weit verbreiteten Auffassung, der zufolge Jesus, wahrer Gott, einen Schein-Leib gehabt habe, der nicht zu seinem Wesen gehörte, sondern ihn wie ein Kleid umgab, solange er auf Erden lebte. Der Doketismus (vom griechischen *dokein* – scheinen), der in dieser apokryphen Weihnachtsgeschichte durchscheint, ist allerdings nicht radikal, sondern sanft. Er scheint nicht auf einem metaphysischen Dualismus zu beruhen, der einen radikalen Gegensatz zwischen Geist und Fleisch behaupten würde, sondern im Gegenteil gerade die theologische Bedeutung der Geburt Jesu überhöhen zu wollen, freilich mit theologisch fragwürdigen Methoden.

Betlehem liegt für die apokryphen Kindheitsevangelien, theologisch gesehen, im Herzen Israels, dort, wo sein messianischer Puls schlägt. Aber für Maria, die ihr Kind unter dem Herzen trägt, ist die Stadt eine Fremde mitten in Israel. Das ist stärker als in den kanonischen Evangelien betont. Die Herbergssuche, die in Krippenspielen seit dem Mittelalter gerne als Demütigung der Heiligen Familie durch die Hartherzigkeit der Bewohner und insbesondere der Herbergsväter von Betlehem dargestellt wird, spielt keine Rolle. Gleichwohl ist die Fremdheit Jesu ein Thema. Sie überträgt sich nicht selten auf seine Mutter, die des Ehebruchs verdächtigt und aus Israel ausgegrenzt werden soll; sie spiegelt sich in einer letzten Unbegreiflichkeit des Geschehens, dass in Jesus Gott selbst Mensch geworden sei.

Fluchterfahrungen von Maria, Josef und Jesus

Einige der apokryphen Evangelien haben die Flucht der kleinen Familie und den Aufenthalt in Ägypten wunderbar ausgemalt. Den Hintergrund bildet der Terror, den Herodes mit seinem Entschluss verbreitet, die Erstgeborenen aus Betlehem zu töten.

Das Protevangelium des Jakobus hat eine eigene Variante, die dem Matthäusevangelium widerspricht. Es setzt zwei Akzente. Zum einen schaut es auf Maria:

> Als Maria hörte, dass die Säuglinge getötet wurden, nahm sie das Kind und legte es in eine Ochsenkrippe (ProtevJac 22,2).

Von Josef und der Flucht nach Ägypten ist keine Rede. Weshalb die Krippe Jesus vor dem Tod schützen soll, wird nicht erklärt. Womöglich ist es das Motiv der Verborgenheit. Für das göttliche Kind der Jungfrau ist die Krippe ein sicherer Ort, ein kleiner Schutzraum, der Jesus rettet und – Maria sei Dank – allen zugutekommt, die durch ihn gerettet werden sollen.

Der zweite Akzent ist mit einer zweiten Frau verbunden: Elisabet sorgt sich um Johannes den Täufer (weil Herodes nach Mk 2,16 nicht nur in Betlehem, sondern in der ganzen Gegend den Kindern nach dem Leben trachtet) und flieht mit ihm ins Gebirge, wo sie einen Berg um Schutz bittet – der ihr durch einen Engel gewährt wird. Beide Motive spiegeln die tödliche

Gefahr und den göttlichen Schutz; das verbindet sie mit den kanonischen Evangelien, von denen sie aber in der Ausführung stark abweichen.

Die anderen apokryphen Kindheitsevangelien, die (wenn auch teils fragmentarisch) erhalten geblieben sind, knüpfen an das Matthäusevangelium an und bauen die wenigen Verse über die Flucht nach Ägypten zu kürzeren oder längeren Episoden aus; teils wenden sie sich auch dem Aufenthalt Jesu in Ägypten zu, den Matthäus nicht näher beschreibt.

Das Kindheitsevangelium des Thomas, dessen Interesse vor allem packenden Episoden von Wundertaten des jungen Jesus gilt, startet in seiner überlieferten Version[88] mit der Flucht nach Ägypten. Es ist in verschiedenen sprachlichen Versionen überliefert, die auf das 4. Jh. n. Chr. zurückgehen dürften. Die Fluchtgeschichte gehört jedoch nicht zu dem gesicherten Grundbestand; wie alt oder jung sie ist, kann nur spekuliert werden. Das Kindheitsevangelium wiederholt zunächst das Matthäusevangelium aus dem Neuen Testament und fügt dann an:

> [1]Jesus war damals, als er nach Ägypten kam, zwei Jahre alt. [2]Und als sie durch die Felder gingen, begannen sie, Ähren auszuraufen und zu essen. [3]Da sie nun Ägypten erreicht hatten, kamen sie in das Haus einer Witwe und verbrachten dort ein Jahr (KThom 0,1–3).

Weitere Ägypten-Szenen sind nicht überliefert. Die Nüchternheit der Erzählung ist für das Kindheitsevangelium des Thomas auffällig, weil es sonst durchaus das Spektakel liebt. Das Bild

---

88 Vgl. *Ursula Ulrike Kaiser* unter Mitwirkung von *Joseph Tropper*, Die Kindheitserzählung des Thomas, in: Apokryphen II 930–959.

ist dennoch facettenreich. Der Blick richtet sich nicht darauf, was Jesus und seine Familie Ägypten Gutes getan, sondern umgekehrt darauf, was sie auf der Flucht und im Exil Gutes erfahren haben. Das Motiv des Ährenraufens ist aus der synoptischen Tradition bekannt (vgl. Mt 12,1 par). Dort ist es freilich so gewendet, dass die Jünger angeblich einen Gesetzesbruch begangen hätten, weil sie sich am Sabbat *en passant* verpflegt haben. Hier spielen diese Kontroversen keine Rolle. Die Pointe ist vielmehr, dass den Flüchtlingen das Land, das sie durchziehen, genügend Nahrung bietet, um die sie sich nicht zu sorgen brauchen; so ähnlich wird es in der Bergpredigt verheißen (Mt 6,19–34 par. Lk 12,22–34). In dieser Linie steht auch der letzte Satz. Ägypten ist ein gastfreundliches Land. Es kennt eine Willkommenskultur für Flüchtlinge. Eine Witwe geht voran, wie nicht selten in der Bibel. Sie öffnet der kleinen Familie ihr Haus, sodass sie dort ein Jahr – bis zur Rückkehr – wohnen können. (Andere Stimmen in der Antike rechnen mit einem größeren Zeitraum.) Das Drama der Flucht ist gedämpft, weil zwar die Fluchtursache eine Katastrophe ist, nicht aber die Flucht selbst, die ja durch eine fruchtbare Landschaft und in ein zivilisiertes Land führt, das Flüchtende nicht abweist.

Während das Kindheitsevangelium des Thomas zurückhaltend bleibt, zieht sich nach dem arabischen Kindheitsevangelium eine breite Straße von Heilungen bis tief ins Ägypterland hinein, die von Jesus, dem göttlichen Kind, gebahnt wird (arabK 10–26). Josef und Maria können nur staunen. Josef hat – wie nach dem Matthäusevangelium – das Wort des Engels gehört und umgehend gehandelt:

> Beim Hahnenschrei stand er auf und zog los (arabK 9).

Auf dem Weg beginnt eine Serie von Wundern. Zuerst wird ein Götzenbild, das reden kann, zur besseren Einsicht geführt: Es erkennt Jesus als wahren Sohn Gottes (arabK 10). Die (heute in Aachen verehrten) Windeln Jesu, die Maria wäscht, befreien das Kind eines Götzenpriesters von Dämonen, sodass auch sein Vater – fast („vielleicht") – zum Glauben an den lebendigen Sohn Gottes geführt wird (arabK 11). Josef und Maria müssen allerdings weiterfliehen, weil sie – nicht ohne Grund – fürchten, von den Ägyptern wegen des Sturzes ihrer Götterbilder verfolgt zu werden, ähnlich wie in Israel von Herodes (arabK 12). Die Kette guter Taten reißt auf dem weiteren Weg nicht ab. Weil Josef und Maria mit dem Jesuskind kommen, werden Diebe aus einem Dorf vertrieben, als sie „den Lärm eines mächtigen Königs" hören (arabK 13). Eine besessene Frau wird allein durch Marias Mitleid geheilt und bewirtet voll Dankbarkeit die Familie, sodass sie, bestens „verproviantiert", weiterreisen kann (arabK 14–15). Das wiederholt sich. Eine stumme Braut findet, nachdem sie das Jesuskind berührt hat, ihre Stimme wieder, und die Familie genießt drei Tage lang eine herzliche Gastfreundschaft (arabK 15–16). An der nächsten Station wird zuerst eine besessene Frau durch die Berührung Jesu, dann ein aussätziges Mädchen durch das Waschen mit dem Badewasser Jesu geheilt (arabK 16–17); allerdings halten die Bewohner Josef, Maria und das Kind für Götter. Das Mädchen, das sich ihnen für kurze Zeit anschließt, vermittelt die nächste Wohltat im nächsten Dorf. Dort wird eine Frau von ihrem hochgestellten Mann vor die Wahl gestellt, ihr neugeborenes Kind, das an Aussatz erkrankt ist, entweder zu töten oder in die Obhut einer Amme zu geben, die so weit entfernt sein muss, dass es keinerlei Kontakt geben könne; wieder hilft das Badewasser (arabK 18). Später wird ein Mann von Impotenz kuriert (arabK 19), ein anderer, der verhext war, wird aus einem Maultier wieder in einen Menschen zurückverwandelt (arabK 20–22). Ein Räuber, der seinen Kumpan besticht, um die nächtlich Reisenden passieren zu lassen, wird von Jesus als jener reuige Schächer identifiziert, dem er am Kreuz – wovon seine Mutter nichts wissen will – vergeben wird (arabK 23).

In vielen Varianten der kleinen Serie kommen drei Momente zusammen: erstens der dunkle Hintergrund des Götzendienstes, der eine latente Todesgefahr ausstrahlt; zweitens die Gastfreundschaft nicht aller, aber vieler Menschen, denen die Flüchtlinge begegnen; und drittens die vielen Wundertaten, die dank Jesu – oft durch die Vermittlung Marias – den heidnischen Menschen zugutekommen. Es gibt kein einziges Strafwunder, sondern nur Heilungswunder und Dämonen- oder Teufelsaustreibungen, alle ohne großen Aufwand, vielmehr durch reine Präsenz, die selbst auf Dinge abfärbt, wie die Windeln und das Badewasser, die nur mit Jesus in Berührung gekommen waren.

Ägypten erfährt aber nicht nur Gutes durch Jesus und seine Familie, sondern schenkt es der Heiligen Familie auch – Jesus sei Dank. Die Gastfreundschaft, die von den Flüchtlingen geweckt wird, ist das eine. Die Natur ist das andere. Denn unter einer Sykomore, einem Maulbeerfeigenbaum, lässt Jesus eine Quelle sprudeln, in deren Wasser Maria sein Hemd wäscht, sodass aus dem „Schweiß", den sie auswrang, Balsam entsteht:

> Von dort zogen sie zu einer Sykomore, die heute Matariya heißt, und der Herr Jesus ließ in Matariya eine Quelle sprudeln, in welcher Maria sein Hemd wusch. Aus dem Schweiß des Herrn Jesus, den sie dort auswrang, kam in jener Gegend Balsam hervor (arabK 24).

Der Ort liegt nahe dem antiken Heliopolis, der „Sonnenstadt", einer alten ägyptischen Fürstenresidenz; er gehört heute zum erweiterten Stadtgebiet von Kairo. Das Wunder, das dem Jesuskind zugeschrieben wird, macht die Wüste zum Paradies; Ägypten spendet Wasser, das der Reinigung dient – und empfängt den Balsam, der Leib und Seele guttut.

Eine Variante findet sich im Pseudo-Matthäusevangelium, das Ochs und Esel an der Krippe so populär gemacht hat (PsMtEv 14). Sie ist etwas jünger. Die Flucht schildert dieses Evangelium als Prozession, die von vielen Tieren begleitet wird und den Tierfrieden eines neuen Paradieses ahnen lässt, von dem im Jesajabuch (Jes 11) zu lesen ist (PsMtEv 19,2). Am dritten Tage sei Maria erschöpft unter eine hohe Dattelpalme gesunken (PsMtEv 20,1); Jesus habe dem Baum befohlen, sich zu neigen, sodass seine Mutter die Dattelfrüchte sammeln konnte:

> Da rief der kleine Jesus, der auf dem Schoß seiner jungfräulichen Mutter saß, der Palme zu und sprach: „Neige dich, Baum, und erfrische meine Mutter mit deinen Früchten." Sofort aber auf sein Wort hin neigte die Palme ihre Spitze bis zu den Füßen Marias, und alle sammelten von ihr die Früchte, die sie hatte, und wurden dadurch erfrischt (PsMtEv 20,2).

Danach lässt er noch Wasser sprudeln und sorgt dafür, dass ein Engel einen Palmzweig in den Himmel trägt, der jeden segnet, der in einem sportlichen Wettkampf – gemeint sind moralische und religiöse Konkurrenzen – die Siegespalme davonträgt (PsMtEv 21). Auch hier macht Jesus sich Ägypten geneigt: Er nutzt die natürlichen Ressourcen des Landes, um seiner Familie den Weg zu erleichtern, auf dem sich sein Heilsdienst schon erkennen lässt. Dass beim Auftritt Jesu die Götterbilder zusammenklappen, zeigt den Triumphzug

Gottes an, der diese Flucht ist. Die Erinnerung an den Exodus lebt auf.

Im Koran ist eine (ältere oder jüngere) Parallele zu lesen, in der zentralen Sure, die Maria gewidmet ist.[89] Die Geschichte spielt hier vor der Geburt, nach der Ankündigung der gottgewollten Empfängnis. Sie spielt nicht auf der Flucht, sondern im Heiligen Land, aber mitten in der Diskriminierung Marias ob ihres vermeintlichen Ehebruchs:

> [5]Und sie zog sich mit ihm zu einem entlegenen Ort zurück. Die Wehen ließen sie zum Stamm der Palme gehen. Sie sagte: „O wäre ich doch vorher gestorben und ganz und gar in Vergessenheit geraten." Da rief er ihr von unten her zu: „Sei nicht betrübt! Dein Herr hat unter dir Wasser fließen lassen. Und schüttle den Stamm der Palme gegen dich, so lässt er reife, frische Datteln auf dich niederfallen. [6]Dann iss und trink und sei frohen Mutes. Und wenn du jemanden von den Menschen siehst, dann sag: Ich habe dem Erbarmer ein Fasten gelobt, so werde ich heute mit keinem Menschen reden." Dann kam sie mit ihm zu dem Volk, indem sie ihn trug ..." (Q 19,22–27).[90]

Datteln haben eine Wirkung ähnlich wie das Hormon Oxytocin. Sie helfen, Wehen auszulösen und zu verstärken. Deshalb essen arabische Frauen bis heute oft und gerne Datteln, wenn der errechnete Geburtstermin nahe kommt oder überschritten ist. Jesus ist nach dem Koran schon vor der Geburt fähig, zu seiner Mutter zu sprechen. Er nutzt seine Möglichkeit, um ihr

---

89 Vgl. *Martin Bauschke*, Der Sohn Mariens. Jesus im Koran, Darmstadt 2013.
90 Die deutsche Übersetzung folgt der Ausgabe von *Adel Theodor Khoury* und *Muhammad Salim Abdullah*, Der Koran, Gütersloh 1987.

Erleichterung zu verschaffen. Er sieht die von Gott gestiftete Symbiose von Mensch und Natur. Deshalb bedarf es im Koran keines Wunders; vielmehr weist Jesus auf die natürlichen Gegebenheiten in Gottes Schöpfung hin, die Maria helfen, den Propheten Jesus zur Welt zu bringen.

Die Apokryphen lösen mit vollem Recht größte Skepsis hinsichtlich ihrer Geschichtlichkeit aus. Aber sie spiegeln die Volkstümlichkeit der Weihnachtsgeschichte, die sich nicht ohne ihre menschliche Theologie erklären lässt: nicht ohne die Verheißung, dass eine Flucht zum Königsweg der Erlösung werden, eine Vertreibung ins Reich Gottes führen, ein Flüchtling ein Königskind sein kann. Damit werden Flucht und Vertreibung nicht schöngeredet. Aber es wird eine Geschichte erzählt, die ein Jenseits der Katastrophe, des Leids und des Unrechts kennt – und deshalb den Weg durch das Elend als gefährliche Wanderung entdeckt, die von Gott begleitet wird.

DIE WERKE DER BARMHERZIGKEIT – UND DAS FELD DER POLITIK

Thomas Söding

Das letzte Gleichnis, das Matthäus von Jesus überliefert, handelt von den Letzten Dingen. Das Gleichnis vom Weltgericht (Mt 25,31–46) klärt, worauf es ankommt, wenn er kommt: Hungrige gespeist, Durstigen zu trinken gegeben, Fremde aufgenommen, Nackte bekleidet, Kranke gepflegt und Gefangene besucht zu haben. Es mag erstaunen, ist aber konsequent, dass alle Klärungen, die es im Evangelium zu Glaubensfragen, zu christologischen Bekenntnissen und kirchlichen Verantwortungen gegeben hat, an dieser Schlüsselstelle zurücktreten. Stattdessen spielen gute Werke die entscheidende Rolle. Es sind nicht ethische Leistungen, die Ansprüche vor Gott und in der Welt begründen sollen; das wäre Heuchelei, die Jesus in der Bergpredigt scharf kritisiert (Mt 6,1–18); es sind Werke der Barmherzigkeit. In keinem Gesetzbuch dieser Welt können sie gefordert werden; aber die Welt ginge zugrunde, wenn sie nicht getan würden. Die Tradition der Liebeswerke ist uralt; sie ist tief im Alten Testament und im Judentum verankert[91]; sie findet auch in der Umwelt Israels und der frühen Kirche Parallelen; heute kann sie besser denn je als interkulturelles Ethos entdeckt werden.[92]

Der persönliche Einsatz: Liebe von Angesicht zu Angesicht

Die Konzentration auf die Ethik ist in genau den christologischen und ekklesiologischen Klärungen begründet, die im Matthäusevangelium (und im gesamten Neuen Testament) vorgenommen werden. Glaube ist Gnade; Barmherzigkeit aber ist eine menschliche Regung, die nicht von religiösen, kulturellen, politischen Vorgaben abhängig ist, auch wenn die Evolutionsbiologie die Entwicklungsgeschichte der Humanität erzählen[93] und die Psychologie die Verhärtungen eines menschlichen Herzens erklären kann.[94] Dem entspricht, dass sich das Christentum neutestamentlicher Prägung nicht eine Sondermoral zuschreibt, sondern einer menschlichen Ethik überhaupt Geltung verschaffen will.

---

91 Eine kleine Auswahl an Belegen: Jes 58,7; Ez 18,7.16; Ijob 22,6 f.; 31,17–32; Tob 1,16 f.; 4,16; Sir 7,34 f. Aus den frühjüdischen Schriften kommen die slawische Henochapokalypse 9,1; 42,8; 63,1 und die Sprüche Rabbi Nathans hinzu (AbothRN 7).
92 Vgl. *Oliver Freiberger / Catherine Hezser / Eckart Reinmuth u. a.*, Werke, Gute. I. Religionsgeschichtlich. II. Judentum. III. Neues Testament. IV. Kirchengeschichtlich. V. Systematisch-theologisch, in: Theologische Realenzyklopädie 35 (2003) 623–648.
93 Vgl. *Camila J. Cela Conde / Francisco Ayala*, Human Evolution. Trails from the Past, Oxford 2007.
94 In der antiken Anthropologie wird dieses Phänomen in der Affektenlehre behandelt; vgl. *Gerd Theißen*, Erleben und Verhalten der ersten Christen. Eine Psychologie des Urchristentums, Gütersloh 2007.

Genau hier liegt die Pointe des Gleichnisses Jesu: darin, dass die Werke der Barmherzigkeit nicht nur menschlich sind, sondern eben deshalb die entscheidende Rolle bei Gottes Urteil über ein gelungenes oder verfehltes Leben spielen, also im Jüngsten Gericht über Leben und Tod entscheiden. Dem Bild einer bäuerlichen Arbeit, wie sie ein Hirte übt, der Schafe und Böcke scheidet[95], und einer königlichen Justiz, die einen universalen Gerichtshof aufbaut, ist es geschuldet, dass zwischen denen zur Rechten und denen zur Linken klar unterschieden wird. Tatsächlich gibt es ja auch diejenigen, die Werke der Barmherzigkeit getan, und jene, die sich verweigert haben. Das kann aus Gründen der Gerechtigkeit, die zutiefst menschlich sind, nicht egal sein. Aber das Gleichnis ist kein Dogma. Es sagt nicht voraus, dass die Hälfte der Menschheit in der Hölle schmoren wird. Es hat seine eigene Dialektik, weil diejenigen, die nach dem Urteilsspruch ins Feuer geschickt werden, ja sofort in der fürchterlichen Lage sind, die Gottes Barmherzigkeit auf den Plan ruft.

Die Begründung für die end-gültige Bedeutung der Liebeswerke liegt in der Christologie und der Anthropologie. Einerseits sagt Jesus, der Menschensohn (Mt 25,31), der Erzähler des Gleichnisses (den der Evangelist reden lässt):

> *„Ich war hungrig, und ihr habt mich gespeist, ich war durstig, und ihr habt mir zu trinken gegeben, ich war fremd, und ihr habt mich aufgenommen, ich war nackt, und ihr habt mich bekleidet, ich war krank, und ihr habt mich gepflegt, ich war im Gefängnis, und ihr seid zu mir gekommen"* (Mt 25,35 f.)

---

95 Zum Hirtengleichnis in Mt 25,32 f. vgl. *Christian Münch,* Der Hirt wird sie scheiden (Von den Schafen und den Böcken) Mt 25,32 f., in: Ruben Zimmermann u. a. (Hg.), Kompendium der Gleichnisse Jesu, Gütersloh 2007, 504–509.

– oder eben nicht (Mt 25,42 f.). Dieses „Ich" ist für Matthäus das des Messias; es ist das menschliche Ich Gottes. Jesus identifiziert sich mit den Hungrigen, den Durstigen, den Fremden, den Obdachlosen, den Kranken und den Gefangenen. Ob sie an ihrer Lage selbst schuld sind oder nicht, spielt keine Rolle. Entscheidend ist ihre Not. Die Identifikation Jesu mit den Notleidenden ist im Matthäusevangelium nicht nur ein Ausdruck seines guten Willens; es ist vielmehr das Leben, das er geführt hat: als einer von ihnen, der selbst Hunger und Durst erleidet, fremd und ausgestoßen, nackt und gefangen ist, wie es zum Schluss die Passionsgeschichte zeigen wird. Die Stellvertretung Jesu geht bis zur Hingabe seines Lebens; durch die Auferstehung wird diese Diakonie Jesu in die Herrlichkeit der Erhöhung zur Rechten des Vaters mitgenommen, sodass die ganze Macht, die Jesus von Gott gegeben wird, in diese Barmherzigkeit investiert wird, die Gottes Gerechtigkeit vollendet.

Andererseits sollen sich diejenigen, die in der glücklichen Lage sind, Barmherzigkeit erweisen zu können, gerade in den Unglücklichen wiedererkennen, die auf sie angewiesen sind – und sie sollen in ihnen denjenigen erkennen, der sie mit Gott verbindet. Diese Erkenntnis ist im Liebesgebot vorbereitet. Es begründet eine Ethik auf Augenhöhe und auf Sichtweite. Während die Barmherzigkeit notgedrungen immer von oben herab erwiesen wird, von denen, die haben, zugunsten derer, die nicht haben, heißt es beim Gebot der Nächstenliebe: „wie dich selbst" (Lev 19,18). In der modernen jüdischen Theologie wird paraphrasiert: „Du sollst deinen Nächsten lieben – er ist wie du." Die Wendung geht auf Hermann Cohen zurück, der im Prozess gegen einen Antisemiten ein Gutachten zur jüdischen Ethik anfertigen musste, das die Bekanntheit und Weite des alttestamentlichen Liebesgebotes nachweisen sollte.[96] Sie wurde von Leo Baeck in seiner Schrift übernommen, die sich gegen die Abwertung des Alten Testaments bei Adolf von Harnack[97] wandte.[98] Auch Martin Buber hat sie in jenem Buch aufgenommen, das nach dem moralischen und politischen Desaster der Naziherrschaft Jesus als jüdischen „Bruder" neu zu entdecken gewagt hat.[99] Die Paraphrase trifft: Sie verdeutlicht, wie nahe der Nächste kommt und wie nahe er einem Menschen gehen soll: Er ist ein *alter ego.* Umso wichtiger ist bei der Ethik auf Augenhöhe die Sichtweite. Das Alte Testament setzt Maßstäbe. Wenige Verse nach dem Gebot der Nächstenliebe heißt es in genauer Entsprechung:

„Wenn bei dir ein Fremder in eurem Land wohnt, sollst du ihn nicht ausnutzen. Der Fremde, der unter euch wohnt, soll euch wie ein Einheimischer gelten, und du sollst ihn lieben wie dich selbst; denn ihr seid selbst Fremde in Ägypten gewesen" (Lev 19,33 f.).[100]

Das „Er ist wie du" wird hier geschichtstheologisch konkretisiert und moraltheologisch geweitet: Israel hat in Ägypten am

---

96 *Hermann Cohen,* Zum Prioritätsstreit über das Gebot der Nächstenliebe (1894), in: ders., Jüdische Schriften I: Ethische und religiöse Grundfragen, Berlin 1924, 175–181, hier 181.
97 *Adolph von Harnack,* Das Wesen des Christentums (1899/1900. [2]1926), hg. v. Claus-Dieter Osthövener, Tübingen 2005. Das Buch hat seine bleibenden Verdienste als Gegenschrift zu *Ludwig Feuerbach,* Das Wesen des Christentums (1841): Gesammelte Werke 5; Berlin [3]2006.
98 *Leo Baeck,* Das Wesen des Judentums (1905), Gütersloh 1998, 211.
99 *Martin Buber,* Zwei Glaubensweisen (1950), in: ders., Werke I, München/Heidelberg 1962, 651–782, hier 701.
100 Vgl. *Thomas Hieke,* Levitikus 16–27 (HThKAT), Freiburg i. Br. 2014, 697–769.

eigenen Leibe erfahren, was es heißt, fremd zu sein; diese Erfahrung prägt seine Identität; die Ethik der Fremdenliebe ist deshalb die Wahrnehmung der ureigenen Sendung des Gottesvolkes – keine göttliche Fremd-, sondern eine göttliche Selbstbestimmung. Im Gleichnis vom Weltgericht wird dieses Ethos der Fremdenliebe aufgenommen und auf diejenigen Formen von Fremdheit ausgedehnt, die es auch im eigenen Land, in der eigenen Nachbarschaft gibt. In der eschatologischen Perspektive der Verkündigung Jesu gewinnt es zwei miteinander verbundene Dimensionen, die das Menschenbild tief prägen und deshalb auch die ethischen Optionen konkretisieren. *Zum einen:* Diejenigen, die Barmherzigkeit erweisen, können es nur, weil sie selbst Barmherzigkeit erfahren[101] – letztlich durch Gott, vermittelt durch die Natur, seine Schöpfung, und durch andere Menschen, ihre Nächsten. Sie bleiben deshalb auch immer auf Gottes Barmherzigkeit und auf die von anderen Menschen angewiesen. In den Seligpreisungen der Bergpredigt wird diese Dialektik präzise erfasst:

„Selig, die barmherzig sind; denn sie werden Barmherzigkeit erlangen" (Mt 5,7).

In der Entsprechung zeigt sich die Gerechtigkeit, in der Zusage die Liebe Gottes. *Zum anderen:* Werke der Barmherzigkeit sollen sich selbst überflüssig machen. Wer gespeist wurde, hat keinen Hunger mehr; wer zu trinken bekommen hat, hat keinen Durst mehr; wer Aufnahme gefunden hat, ist nicht mehr fremd (sondern kann andere Fremde willkommen heißen); wer bekleidet wurde, ist nicht mehr nackt; wer in der Gefan-

---

101 Vgl. *Walter Kasper,* Barmherzigkeit. Grundbegriff des Evangeliums – Schlüssel des christlichen Lebens, Freiburg i. Br. 2012.

genschaft (hinter welchen Mauern auch immer) besucht wurde, ist nicht mehr isoliert. Wenn es anders kommt und die Abhängigkeit dauerhaft wird, hat nicht die Barmherzigkeit versagt, aber die Verhältnisse sind so ungerecht, dass die Politik gefordert wird.

In der Flüchtlingskrise – die von vielen so erlebt wird – hat sich gezeigt, wie sehr auch ein demokratisches, vergleichsweise gut organisiertes Gemeinwesen wie die Bundesrepublik Deutschland auf das freiwillige Engagement vieler Menschen angewiesen ist, die nicht lamentieren, sondern anpacken. Was an den Hauptbahnhöfen in München, Dortmund und anderswo, in den Flüchtlingsunterkünften und vor den Aufnahmestellen zu beobachten war, sind Werke der Barmherzigkeit in heutiger Form. Sie können die politischen Fragen nicht beantworten; aber keine Politik wird je so ideale Zustände herstellen, dass die Werke der Barmherzigkeit irgendwann und irgendwo überflüssig würden. Die Hotspots der Flüchtlingsströme sind Bewährungsorte des Glaubens und Lernorte der Menschlichkeit. Sie signalisieren der Politik, in welcher Richtung sie sich engagieren muss. Der Mentalitätswechsel, den das Matthäusevangelium anbahnt, weil es die Gottesebenbildlichkeit eines jeden Menschen im Antlitz Christi widergespiegelt findet, steht für die Einheit von Gottes- und Nächstenliebe, in der das Herz des Evangeliums schlägt (Mt 22,34–30 par. Mk 12,28–34).

Die politische Agenda: Weiträumige Pläne

Die Räume, in denen die Weihnachtsgeschichte spielt, sind auch die Räume, aus denen die Evangelien stammen, die kanonischen wie die apokryphen, ebenso der Koran: Israel, Syrien, Ägypten, Arabien, der gesamte Mittelmeerraum.[102] Das Matthäusevangelium selbst lebt zu einem guten Teil von den Erinnerungen, die Kriegsflüchtlinge aus Palästina Ende des 1. Jahrhunderts mit nach Syrien gebracht haben.[103] Die Flüchtlinge, die gegenwärtig in großer Zahl nach Europa und Deutschland kommen, haben sehr oft dort ihre Heimat. Eine Landkarte der aktuellen Migrationsbewegungen[104] lässt sich mit der Karte der frühchristlichen Mission überblenden. Die politische Öffentlichkeit scheint in erster Linie an technischen Fähigkeiten der Flüchtlinge und an ihrer Bereitschaft, unangenehme Arbeiten zu übernehmen, interessiert zu sein. Die religiösen und kulturellen Traditionen werden aber langfristig eine mindestens ebenso große Bedeutung haben. Das „christliche Abendland" lebt religiös und kulturell vom Morgenland. Dass es sich seit der Aufklärung von ihm emanzipiert hat und nun selbst von einem überlegenen Standpunkt aus Entwicklungshilfe leistet, ist allenfalls die halbe Wahrheit.

Wenn die Flüchtlinge Christen oder Muslime sind, bringen sie ihre Weihnachtsgeschichten mit, die mit den europäischen und amerikanischen eng verwoben und teils identisch sind. Diese Geschichten sind so lange auf der Flucht, wie sie in Deutschland, in Europa und Amerika, in den Kirchen und Ge-

---

102 Vgl. *David Abulafia*, The Great Sea. A Human History of the Mediterranean, London 2011.
103 Zur Entstehungsgeschichte des Matthäusevangeliums vgl. *Udo Schnelle*, Einleitung in das Neue Testament, Göttingen 8 2013, 287–309.
104 Vgl. *Ludger Pries*, Internationale Migration, Bielefeld 2015.

meinden, in den Moscheen, in den Sozialräumen und vor allem in den Herzen der Menschen nicht heimisch geworden sind. Wo sie es werden, öffnen sie Hände, Gedanken und Gebete – für die Begegnung mit Gott und dem Nächsten. Die Flüchtlingspolitik ist ein humanitärer Ernstfall. Die meisten Flüchtlinge sind Muslime, was bei nicht wenigen Ängste ob einer drohenden Überfremdung und einer schwierigen Integration auslöst. Der Lackmustest eines frommen Lebens als Minderheit in einer christlich geprägten, stark säkularisierten Gesellschaft steht der muslimischen Gemeinschaft noch bevor; dass er ein positives Ergebnis anzeigt, wird wichtiger denn je.[105] Umgekehrt ist die Mehrheitsgesellschaft gefragt, wieweit sie auf eine Neutralisierung des Islam setzt, um sich möglichst wenig verändern zu müssen, oder ob sie sich in den Prozessen einer Zivilisierung der Religion engagiert, die – ähnlich wie im Katholizismus des 19. Jahrhunderts – nicht ohne wechselseitige Kritik und Lernbereitschaft gelingen können.[106] Womöglich werden die nicht wenigen Christen, die zu den Flüchtlingen und Migranten gehören, eine Schlüsselrolle bei der Integration spielen, bei der Wandlung der europäischen Gesellschaften und beim Brückenbau in den Orient. Sie gehören verschiedenen orthodoxen, altorientalischen, katholischen und evangelischen Kirchen an. Sie bringen ihre Riten und Geschichten, ihre Gebete und Bräuche mit. Syrien zum Beispiel ist eine Drehscheibe des frühen Christentums. Hier begann die

---

105 An einer interkulturellen Hermeneutik arbeitet *Mouhanad Khorchide*, Islam ist Barmherzigkeit. Grundzüge einer modernen Religion, Freiburg i. Br. ³2014; *ders.*, Gott glaubt an den Menschen. Mit dem Islam zu einem neuen Humanismus, Freiburg i. Br. 2015.
106 Ein Beispiel ist das „Muslime Forum Deutschland" der Konrad-Adenauer-Stiftung, das am 11. April 2015 gegründet wurde.

Heidenmission. Hier hat Paulus eine Heimat gefunden. Die Ökumene in Deutschland wird bunter – eine Herausforderung, aber mehr noch ein Geschenk. Einerseits sind die christlichen Gemeinden nicht nur als Diakoniestationen, sondern auch als Orte des interkonfessionellen Austausches über Gotteserfahrungen auf der Flucht und der Barmherzigkeit von Angesicht zu Angesicht gefragt; andererseits bringen die Flüchtlinge ihre eigenen Erfahrungen und Einsichten in den Beziehungen zu Muslimen mit, die in den Flüchtlingszentren und Integrationskursen genutzt werden müssen. Die Kirchen können und müssen vormachen, was Religionsfriede heißt, ohne den eine Gesellschaft nicht gedeihen kann.

Die Politik kann die „Werke der Barmherzigkeit" nicht ersetzen; sie kann aber auch die Organisationsaufgaben, die ihr obliegen, nicht an die Freiwilligen delegieren. Sie kann und muss – als Kunst des Menschenmöglichen – die Rahmenbedingungen für Menschlichkeit verbessern. Das Matthäusevangelium ist eine prophetische Kritik politischer Theologie, wie am Beispiel des Kindermordes vor Augen geführt, den Herodes befohlen hat (Mt 2,16–18), um – im Stile eines orientalischen Herrschers – einen Konkurrenten zu beseitigen, der als Sachwalter Gottes erscheinen könnte. Die Weihnachtsgeschichte erweitert aber im Erfahrungsraum des Glaubens auch den Denkhorizont und die Handlungsspielräume der Politik. Sie braucht Grenzen, weil ihr Grenzen gesetzt sind, innerhalb derer sie nur Verantwortung tragen und planvoll agieren kann.[107] Aber sie kann nicht auf friedliche Weihnachten in der Festung Europa bauen. Sie muss über die nationalen und kon-

---

107 Vgl. *Udo di Fabio,* Schwankender Westen. Wie sich ein Gesellschaftsmodell neu erfinden muss, München 2015.

tinentalen Grenzen hinaus, oder besser: durch sie hindurch, agieren, in gestufter und geteilter Verantwortung. Die politischen Konkretionen sind immer eine Frage nicht nur des guten Willens, sondern auch der reflektierten Klugheit. Einer Emotionalisierung der Debatte muss die Politik wehren, um einen kühlen Kopf zu bewahren. Sie kann ihre Verantwortung, Prioritäten zu organisieren, nicht durch Appelle an Menschenwürde und Menschenrechte, an Barmherzigkeit und Nächstenliebe ersetzen. Sie muss sich vielmehr gerade umgekehrt um der Menschenwürde und der Menschenrechte, um der Barmherzigkeit und Nächstenliebe willen auf das konzentrieren, was geht: auf das, was nottut und mit politischen Mitteln überhaupt verändert werden kann.[108] Wenn sie die Weihnachtsbotschaft ernst nimmt, gewinnt die Politik an jener kulturellen Weite und menschlichen Tiefe, die in der Geschichte Jesu angelegt ist. Sie braucht weiträumige Planung – aus genau jenem humanen Realismus, der in der weihnachtlichen Friedenspolitik angelegt ist.

---

108 Vgl. *Bernhard Sutor*, Kleine politische Ethik (Bundeszentrale für Politische Bildung), Bonn 1997.

FLUCHT
– VOR GOTT, MIT GOTT, ZU GOTT

Thomas Söding

Im Alten Testament steht ein wunderbarer, höchst umstrittener und heiß geliebter Psalm: Er drückt die Spiritualität und Theologie der Flucht, die das neutestamentliche Weihnachtsevangelium dramatisch vor Augen führt, in Form eines Gebetes aus, das gerade die Kehrseite beleuchtet, eine Bindung durch Gott an Gott. Ps 139 ist nicht das Passepartout für das neutestamentliche Kindheitsevangelium. Aber er spiegelt eine zutiefst verstörende und zugleich beglückende Erfahrung. Mit dem Krippenkind und dem messianischen Flüchtling hat sie sich verbunden; sie hilft, die heutige Bedeutung der alten, ewig jungen Geschichte zu erkennen. Dass Ps 139 als Gebet Davids überliefert und Jesus als Sohn Davids verkündet worden ist, baut eine Brücke.[109]

---

109 Vgl. *Kodje Mawumedi Agbagnon*, „Und die Nacht wird leuchten wie der Tag". Weltbild, Gottesbeziehung und Bewusstsein des Beters in Ps 139, Diss. Bochum 2015.

[1]Für den Chormeister. Ein Psalm Davids.
Herr, du hast mich erforscht, und du kennst mich.
[2]Du weißt, ob ich sitze oder stehe.
Von fern erkennst du meine Gedanken.
[3]Ob ich gehe oder ruhe, du ermisst es;
all meine Wege, du siehst sie voraus.
[4]Noch liegt mir das Wort nicht auf der Zunge,
siehe, Herr, da kennst du es schon.
[5]Du hast mich umschlossen von hinten und von vorn,
du hast deine Hand auf mich gelegt.
[6]Staunen lässt mich deine Erkenntnis, sie ist zu hoch für mich,
ich kann sie nicht begreifen.
[7]Wohin könnte ich gehen vor deinem Geist,
wohin mich vor deinem Angesicht flüchten?
[8]Stiege ich hinauf in den Himmel, du bist da;
bettete ich mich in der Unterwelt, du bist da.
[9]Erhöbe ich die Flügel der Morgenröte
und ließe mich nieder an den Enden des Meeres,
[10]auch dort wird deine Hand mich leiten
und deine Rechte mich fassen.
[11]Spräche ich: „Finsternis möge mich decken
und Nacht sei das Licht um mich her",
[12]auch die Finsternis wäre nicht finster vor dir,
die Nacht leuchtete wie Tag, die Finsternis wäre wie Licht.
[13]Denn du hast meine Nieren geschaffen,
mich gewoben im Schoß meiner Mutter.
[14]Ich danke dir, dass ich wunderbar erschaffen bin.
Staunenswert sind deine Werke, das erkennt meine Seele.

¹⁵*Meine Glieder waren dir nicht verborgen,*
als ich im Verborgenen gemacht wurde,
als ich gebildet wurde in den Tiefen der Erde.

¹⁶*Deine Augen sahen mich, als ich noch nicht geboren war.*
Alle Tage waren schon in deinem Buch verzeichnet,
die gebildet wurden, bevor sie da waren.

¹⁷*Wie kostbar sind mir, o Gott, deine Gedanken,*
wie gewaltig ist ihre Zahl!

¹⁸*Wollte ich sie zählen, sie wären zahlreicher als der Sand.*
Ließe ich sie zu Ende kommen, wäre ich noch immer bei dir.

¹⁹*Wolltest du, o Gott, doch den Frevler töten,*
dass die Blutgierigen von mir wichen.

²⁰*Sie reden über dich voll Hinterlist*
und erheben sich gegen deine Städte.

²¹*Soll ich die nicht hassen, Herr, die dich hassen,*
die nicht verabscheuen, die sich gegen dich erheben?

²²*Voller Hass hasse ich sie,*
zu Feinden sind sie mir geworden.

²³*Erforsche mich, Gott, und erkenne mein Herz,*
prüfe mich und erkenne mein Denken!

²⁴*Und sieh, ob ich auf bösem Weg bin,*
und leite mich auf ewigem Weg.

Den Psychologen Tilmann Moser hat dieser Psalm an den „Big Brother" erinnert, der alles überwacht, sodass man sich gegen ihn auflehnen müsse, um eine ruhige Minute zu bekommen – woraufhin dieser dann seine Anhänger anstifte, brutal auf die Feinde einzudreschen.[110] Auch Vers 7 hat Moser aufge-

---

110 *Tilman Moser,* Gottesvergiftung (1976). Frankfurt/M. 1980, 42 f.

spießt: Wer vor Gott fliehen wollte, hätte von vornherein keine Chance. Aber ist die Gegenwart Gottes in der tiefsten Finsternis – oder auch in den hellsten Stunden – menschlichen Lebens eine Bedrohung? Das ist eine Glaubensfrage. Es ist auch eine Frage der Freiheit, die der Glaube – wo er echt ist – immer lässt. Es gibt Menschen, die vor Gott fliehen, weil sie ihn nicht aushalten können. Er scheint ihnen übermächtig, besitzergreifend und bedrohlich. Keine Frage, dass Gott immer wieder so verkündigt wird, als strenger Richter aller Sünder, als allgegenwärtiger Herrscher, als allwissender Detektiv, dem nichts verborgen bleibt. Es muss aber noch nicht einmal so sein, dass, wer flieht, eine Schuld verdrängen oder verderben will, wie Adam und Eva nach der Geschichte vom Sündenfall (Gen 3). Womöglich reicht der Eindruck einer Übermacht, die Befürchtung einer alternativlosen Unterwerfung. Liest man Ps 139 im Licht der Weihnachtsgeschichte, wird aber klar, dass Gott selbst Flucht und Vertreibung nicht fremd sind. In Jesus ist er nicht nur im Himmel lebendig, sondern auch durch die Hölle gegangen. Die Dunkelheit erleuchtet er, weil sie ihm nicht fremd ist. Früh am Morgen ist er da, wie die Heilige Familie gleich nach Josefs Traum zur Flucht nach Ägypten aufbrechen musste. So gesehen, ist eine Flucht vor Gott kein Ding der Unmöglichkeit, sondern eine menschliche Krise, die durch Jesus mit Gott selbst verbunden wird. Er muss vor Herodes fliehen, der tut, als ob er Gott wäre: Herr über Leben und Tod. Diese Potentaten sind die eigentlich Gefährlichen. Sie würden siegen, wenn Gott nicht auf der Seite der Flüchtenden und Geflüchteten stände. Sie würden auch siegen, wenn die Flucht vor Gott nicht von Gott selbst unterfangen würde. Das ist die Botschaft des Psalms.

Die Flucht vor Gott ist eine Flucht mit Gott, weil Gott diejenigen, die ihn fliehen, nicht alleinlässt. Genau aus diesem Grund kann er auch für all diejenigen Menschen, die vor anderen Menschen, vor unmenschlichen Verhältnissen fliehen oder von Gewalttätern vertrieben werden, ein Grund der Hoffnung sein. Will man Menschen, die, in die Enge getrieben, um Leib und Leben fürchten, vorwerfen, dass sie ihre Feinde hassen? Ist es nicht ein äußerster Akt spiritueller Größe, dass sie nicht selbst zu Gewalt greifen, sondern Gott das Gericht anvertrauen wollen? Gewiss: Seine Barmherzigkeit auch mit den Bösen steht in diesem Psalm nicht vor Augen. Aber wer will es Opfern verdenken, dass sie im Moment der Verfolgung keinen Gedanken an Versöhnung hegen? Mit Gott zu fliehen, ist etwas anderes, als ohne Gott zu fliehen. Die meisten Flüchtlinge, die heute unterwegs sind, sind religiös, ob christlich, jüdisch oder muslimisch, ob buddhistisch, hinduistisch oder andersgläubig. Sie mögen an Gott verzweifeln. Aber sie können sich eingeladen wissen, in aller Dunkelheit doch ihn als das Licht ihres Lebens zu entdecken. So bitten die Beterinnen und Beter von Psalm 139 gegen Ende, dass Gott sie erforschen, ihr Herz erkennen und ihr Denken prüfen möge. Zu wissen, dass Gott mit auf der Flucht ist, heißt, auf einen Beistand zu vertrauen, der durch keine menschliche Macht besiegt werden kann, und die eigene Würde, werde sie auch mit Füßen getreten, bei dem aufgehoben und verherrlicht zu sehen, dem sich alles Leben verdankt. Das Weihnachtsevangelium zeigt, dass dieser Retter nicht fern im Himmel thront, sondern mitten unter den Menschen selbst verfolgt und gedemütigt worden ist – aber nicht schon gleich getötet wurde, weil er erst noch zu leben hatte, bevor er dann gekreuzigt wurde, und weil er, von den Toten auferstanden, ewig lebt – für alle, denen er nahe ist.

So kann die Flucht mit Gott eine Flucht zu Gott werden. Zum Schluss wird es ernst, auch für den Beter. Ist er auf dem rechten Weg, auch wenn er ein Opfer ist, das fliehen muss? Lässt er sich verleiten, das Unrecht, das ihm angetan wurde, als Vorwand zu sehen, anderen Unrecht anzutun? Die Gefahr ist groß. Nur Gott kann sie wenden – und das Beten ist die Weise, diese verwandelnde Kraft Gottes zu erspüren und aufzusaugen, um sie weiterzugeben. Der Weg, auf den Gott alle, die mitbeten wollen, nach den Worten des Psalters leiten möge, ist der Weg zum ewigen Leben.

Ist er eine Zuflucht? Wenn ja, dann nicht nur für diejenigen, die vor anderen oder sich selbst fliehen müssen, um sich den Dämonen des Bösen zu entziehen, sondern auch für alle, die wissen, dass sie denen, die flüchten müssen, nichts Besseres wünschen können, als zu Gott zu gelangen. Die Weihnachtsgeschichte zeigt, dass solche Fluchten, mögen sie erzwungen oder auch einmal befreiend sein, nicht im Niemandsland enttäuschter Hoffnungen zu enden brauchen, sondern im Herzen der Hoffnung Israels – dort, wo sich die Geschichte Jesu abgespielt hat:

[18]*„Siehe, mein Knecht, den ich erwählt,*
mein Geliebter, an dem ich Gefallen gefunden habe,
ich werde meinen Geist auf ihn legen,
und das Recht wird er den Völkern verkünden;
[19]*er wird nicht lärmen noch schreien,*
man wird auf den Plätzen seine Stimme nicht hören,
[20]*das geknickte Rohr wird er nicht brechen,*
und den glimmenden Docht wird er nicht auslöschen,
bis er das Recht hinausführt zum Sieg,
[21]*und auf seinen Namen werden die Völker hoffen"*

(Mt 12,18–21; Jes 42,1–4).